北海道大分水嶺

670km63日間の軌跡

2022年2月26日。快晴の青空の下、宗谷岬を出発する

3月13日、ピヤシリ山頂の朝焼け。思わず笑みがこぼれる

3月28日、北海道大分水点にテントを張る

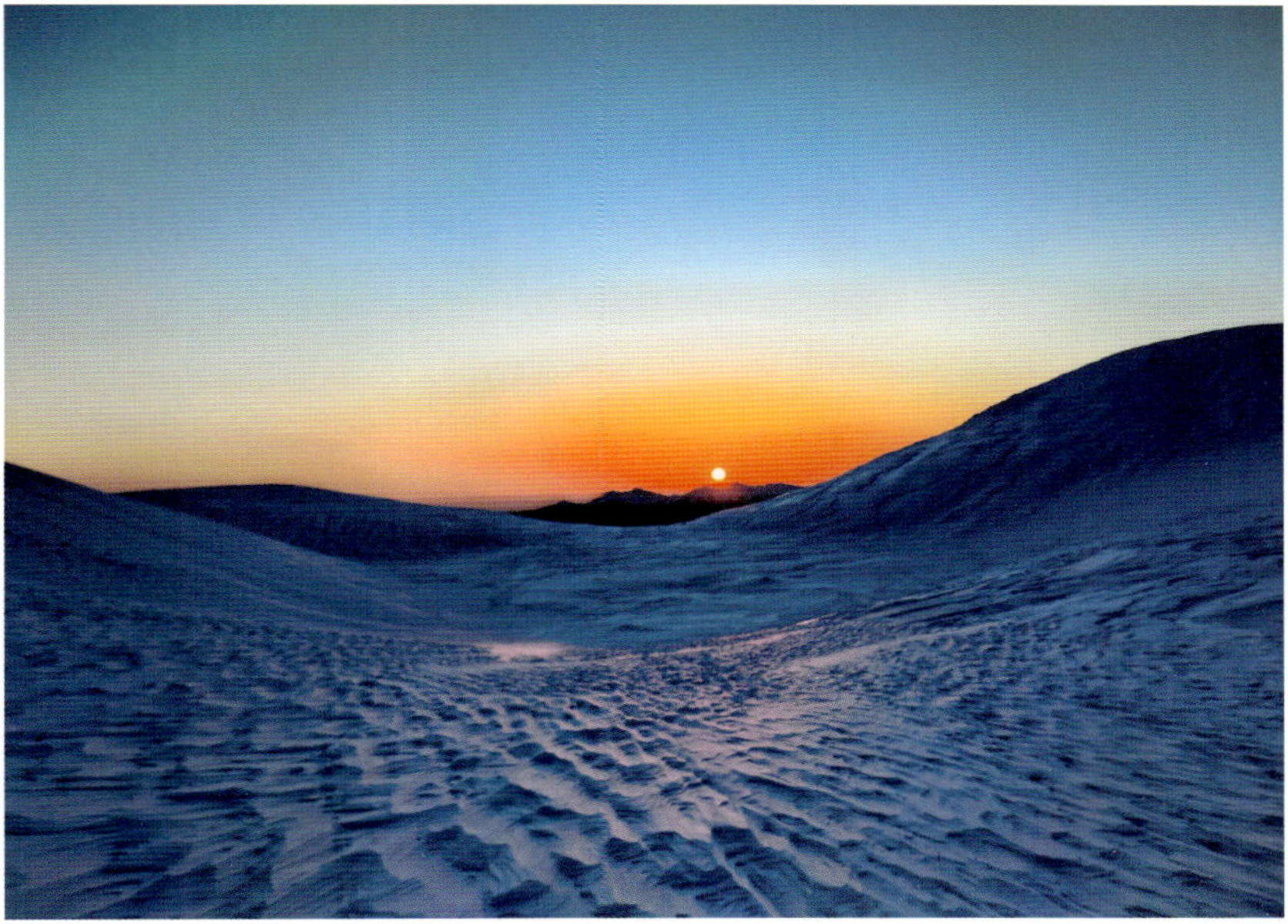

4月4日、一面凍った北沼を、石狩岳から 昇った朝日がピンク色に染め

4月16日、トッタベツ岳山頂。奥には日高山脈最高峰の幌尻岳

縦走最終盤、57日目の夕暮れ。神威岳（右）とソエマツ岳（左）を望む 極上のテントサイト

4月26日、最後の山頂となった楽古岳。山頂にはもう雪はない

「幸せ」を背負って

積雪期単独　北海道分水嶺縦断記

野村良太

山と溪谷社

目次

カバー裏に北海道分水嶺縦断の全図があります。
地図を参照しながらお読みください。

装丁　朝倉久美子

プロローグ
襟裳岬

日高山脈全山縦走は、核心部に突入しようとしていた。日勝峠《にっしょう》を出発して、三回目の日没が近づいていた。猛烈な吹雪に右半身を煽られながら１９６７無名峰《むめいほう》まで登り、良いテント場が見つけられず、少し先で風下側の急斜面に逃げ込んだ。ここであれば風をしのげそうか。これ以上進んでも他に適した場所はありそうにない。その場でザックからショベルを取り出し、小一時間かけて雪面を平らに開削した一畳半ほどのスペースに一人用の小さなテントを張った。

夜中、寒くて目が覚めたので、左手首の腕時計を顔に近づける。三年前、二十二歳の誕生日に優子がくれた黒と橙色の時計にはプロトレックと印字されている。ＡＬＴＩと刻まれた高度を示すボタンを右手の親指で押すと、寝る前に確認した標高よりも少しだけ高度が下がっていた。腕時計に内蔵されている高度計は気圧を元に標高を算出しているので、同じ場所にいて高度の表示が下がるということは現在地の気圧が上がってきているということだ。どうやら天候は回復傾向らしい。高度計の左隣にあるライトのボタンを押すと、文字盤にデジタルで3・16　23：43と表示された。

その直後、突然体が何かに押しつぶされ、何が起こったのか分からないまま、肺が十分に膨らまなくなった。呼吸が苦しい。とっさに、雪崩だ、と思った。なにしろこの計画に出発するまでに、テントや雪洞で雪崩に遭った人の本をいくつか読んでいた。だが、どうやら僕のイメージトレーニングとは違って、テントごと流されるほどのものではない。雪崩ではないらしいとほんの少し安心してふと冷静になると、胴体は押しつぶされたが、顔と足元は無事だった。全身に力を込めてじわじわと寝袋からはい出ると、首から掛けていたヘッドランプを頭に点けて、テントシューズのままテントから飛び出した。

闇夜を切り裂くように額の明かりを左右に振り、現状を確認する。風下側にいたので風の音が聞こえず気づいていなかったが、尾根の向こう側からこちら側へ、大量の新雪が無音のままに積もり続けていた。積もった雪はやがてテントを覆い、最終的に吹きだまった雪の重みでテントが潰されてしまったらしかった。

埋もれてひしゃげてしまったテントを雪まみれになりながら必死で掘り出した。分厚い手袋をしていてもあっという間に指先が冷え切ってしまう。除雪したそばから新たな雪が飛んできて、僕が少しだけ有利ないたちごっこが続いた。ようやく体が温まり、指先にじんわりと血液が巡ってくる。少し休むとまた体が冷えてきた。朝までほとんど眠れず、何度も除雪を繰り返した。

恐怖の夜を越えて、ガスに覆われた視界の利かない稜線を歩く。アイゼンが雪を噛むザッ、ザッという音が聞こえる喜びを噛み締める。助かった、生きていた。あのまま生き埋めになっていたら、誰がいつ、僕のことを見つけ出してくれるのだろう。読んだ本の中の人物は雪崩に埋没するも幸運にも仲間に掘り出され九死に一生を得ていたが、僕はいま独りである。見知らぬ誰かが偶然通りかかるような場所ではない。この計画のことは優子にしか伝えていない。しばらく僕との交信が途絶えれば心配はするだろうが、すぐに救助開始とはならない。一週間は様子を見るはずだ。食料だけならあと二週間分ある計画なので、実際に捜索を始めるのはそれ以降となるかもしれない。単独行の恐ろしさをほとんど初めて実感していた。ミスは僕の想像不足であり、知識や経験が十分にあれば避けられたに違いない。大事に至らず、運が良かったということか。代償にテントのポールが二本とも大きく曲がってしまった。

反省をしながら進んでいるとだんだんとガスが薄くなり、北トッタベツ岳に着くころには快晴になった。ついさっきまでの悩み事がきれいさっぱり晴れ渡っていった。今山行で初めて見上げる青い空に向かって、思わず独り、雄たけびを上げていた。

最初の快晴の後、まともな好天はなかった。

北西風の地吹雪が続き、耐風姿勢をとりながらジリジリと進むことを余儀なくされた。カムイエクウチカウシ山の手前では、悪天候をしのぐべく一時間半かけて中にテントを張れるくらいの大きさの雪洞を掘った。

悪天候で停滞中の雪洞に、雪の天井越しにジェット機が飛んでいるかのような暴風が重低音を響かせている。不安をごまかすようにラジオに耳を傾ける。陽気なアナウンサーの声に救われた気持ちになるが、一方的に話しかけてくるだけなのが玉に瑕だ。

停滞明けの稜線上では、左足を雪面に踏み出すと、そのすぐ左から二〜三メートルのびる雪の庇がぽっかりと崩れてなくなり、直後に轟音とともに谷底に消えていった。

氷と岩の急斜面を、アイゼンとピッケルで確実に登る。そのすぐ先で、十勝側に大きく張り出している雪庇を何度も落としながら、スノーシューでも膝まで潜る深雪のラッセルを繰り返す。一度は右手でダケカンバに掴まっていなかったら雪庇とともに滑落するところだった。

その後に訪れた春の嵐は針葉樹の大木の陰でやり過ごした。大荒れの中、テントに引きこもっていると不安に押しつぶされそうになる。ラジオでは一時間おきに、不要不急の外出を控えるように促している。

低気圧の嵐が過ぎ去ると、今度は冬型の気圧配置が強まって、夜から強い寒気が流入してきた。その影響で、ものすごく寒い。あらゆる方角の斜面で、一度緩んだ雪が完全に氷化している。もうこれは停滞前とは違う山域だと思った方が良いかもしれない。今日もまた雪庇を二回ほど落とした。過去に何度も死亡事故が起こっている場所だった。

ペテガリ岳までの尖った稜線には雪庇がほとんどなく、素直でシュッとした尾根に風格が感じられた。どんよりとした曇り空さえも、はるかなるペテガリの荘厳さを演出しているようだ。これでようやく全山縦走の折り返しといったところか。まだ先は長い。

束の間の、月が出ていて明るい夜は、いても立ってもいられず、日付を越える前から出発してしまうことにした。神威《かむい》岳の山頂に着くころには月が隠れ、吹雪で何も見えない。風速は二〇メートル毎秒を超えて、湿ったドカ雪がすさまじい勢いで積もっていく。予報を見る限りこの先も天気はずっと悪そうだ。神威山荘に下山してしまいたい。ここからなら二日あれば街に下りられる。無人の避難小屋とはいえ、薪ストーブがあることを考えるとすぐ近くに天国があるようだった。こんなに苦しいことをなぜ独りで続けているのだろう。そう思わずにはいられない。どうしようもなくきついが、その中で冷静に自分を俯瞰できているもう一人の自分を見つけて少し安心する。

今日は平成最後の大相撲大阪場所千秋楽、横綱・白鵬が歴代最多四十二回目の優勝を全勝優勝で飾るのを聴いていて、あぁ、おれも強い山屋になりたいと呟いた。

縦走が終盤に差し掛かったその日も天気予報は悪天候を告げていて、思うようには進まないだろうと思っていた。

もう一週間以上、サングラスの出番がない。今日も案の定、視界はなく、すぐ先の斜面さえまともに見えない。ところが一転、急に青空が見え始めたと思うと、見る見るうちに回復し、あの日以来の快晴となった。この辺りにあるはずなのだけれど見えないな、と思っていたちょうどそこに、目指していたピリカヌプリへと続く急斜面が雲の中から現れた。

ラジオの天気概況によれば、明らかに前線持ちの低気圧の前面晴れである。いわゆる疑似好天と呼ばれる、気象遭難の典型的なパターンだった。今ここで一喜一憂していたら数時間後に大きなしっぺ返しをくらうということだ。だが、もはや今の僕にはそんなことはどうでもよかった。核心部はすでに越えていた。あとは前進あるのみだ。アイゼンが小気味よく利く急斜面を駆け上がり、快晴のピリカヌプリ（アイヌ語で〝美しい山〟の意）の山頂に立つ。振り返ると、ここまで歩いてきた中部日高の尖った稜線が淡い青空に突き上げている。前を向くと、これから進む南日高の稜線が朝日に照らされている。山の名に恥じぬこの絶景を目に焼き付け、心に刻む。こういう瞬間があるからやめられないんだろうなと思う。折れかけていた心も晴れた気がした。

しかし、希望の光はそう長くは続かない。二時間後には予報通り、視界の利かない猛吹雪となった。強風に耐え、無心でラッセルを繰り返す。連日続く北西の季節風に耐え続けた結果、右膝が悲鳴を上げ始めていた。

最初の快晴から十日後のことだった。

ようやく稜線を降りられる。今日に限って天気が良い。世の中そんなものである。空は晴れ渡り、標高を下げたおかげで気温はそれほど低くはないはずだが、防寒着を脱ぐ気が起きない。確かに最後の行動食を食べ尽くしてしまってから、非常用のアルファ化米に水を入れた冷たい米を食べてはいるが、それで体温が下がることを考慮してもさすがにおかしい。カロリー不足で発熱能力が落ちているのは間違いない。そういえば頬がこけ、あばら骨がいつになく浮き出ている。心なしか太ももが細くなった気がする。元気なつもりでいたが、どうやらもう体力は残っていない。

最後のテントを張って、明日の朝食を残して持っている食料を食べ尽くす。星空を眺めながらこの十六日間を振り返る。この間、誰にも会わなかった。それにしても幸せな時間だった。

朝食に停滞用の棒ラーメンを食べ、残っている砂糖を全部溶かした甘ったるい紅茶を飲み干すと、残った食料は紅茶のティーバッグ四つだけだった。

襟裳岬の辺りはもうほとんど雪が解けてしまって、すっかり春のよそおいだった。なけなしの、最後の力を振り絞って歩みを進める。底が硬い雪山用の登山靴ではアスファルトの反発が堪える。何度も休憩を挟みながら五時間ほど歩くと、ようやく太平洋が近づき、岬が見えてきた。

大きな駐車場に一台だけ黒い車が停まっている。目を凝らすと、十七日振りの人の影が見えた。見慣れた人がこちらを向いて微笑み、佇んでいた。

ぽつんと一人、優子が僕の帰りを待っていた。

本当に歩き切ってしまった。二十歳のころから、学生時代の目標だと思っていた日高山脈全山縦走が終わった。迎えに来てくれた優子にたくさん写真を撮ってもらって快速ドライブで札幌へと帰る。窓からのぞく日高の峰々がかっこいい。ついさっきまであそこにいたんだ。運転席に座って右足首でアクセルを踏みこむだけで街並みが過ぎ去ってゆく、と喜ぶと

「もう本当にクマみたいだね」

と笑われる。確かに食べ物を求めて山から下りてきたのだから、あながち間違ってはいな

いないのかもしれない。
春を待ち望むヒグマの気持ちが少しだけ分かった気がした。

第一部
山の世界で生きていく

一　野球に明け暮れた大阪時代

一九九四年十月、大阪府豊中市で生まれた僕は、大学へ進学し北海道で一人暮らしを始めるまでの十八年間を大阪で過ごした。

大阪出身の両親の長男として生まれた僕はアウトドアとは無縁で、登山はおろか、家族でキャンプをしたことが一度もなかった。きついことも、汚いトイレも不快な虫も、暑いのも寒いのも、何日かお風呂に入れないのも一通り避けていた両親の下で育った僕が、どうして登山にのめり込んだのかは今でも分からない。

そんなことより、大阪にいたころは野球に夢中だった。二〇〇三年、阪神タイガースが十八年ぶりのセ・リーグ優勝を決めたこの年に、僕の野球人生が始まった。必ず最後まで阪神戦の試合中継をすることで有名な関西ローカル局のサンテレビに毎晩釘付けとなった。そのうち放課後に近くの公園で野球をして遊ぶようになり、その魅力に引き込まれた。友達に誘われるうちにその気になり、フランスW杯がきっかけで幼稚園児のころから始めたサッカーに見切りをつけ、地元の少年軟式野球チームに入団した。小学校四年生の秋だった。

それなりに動きがよかったらしく、ポジションはセカンドを守っていた。ベースランニングがチームで一番速かったので打順は一番だ。だが、肝心のチームはあまり強くなく、試合で勝った記憶がほとんどない。要するに弱小チームの、めっぽう打てるわけでも、からっきしダメなわけでもない、ひょろっと背が高いだけの一番セカンドだった。

中学では最初、学外の軟式クラブチームに入団したが、野球一辺倒の生活に馴染めず、一年と少しで辞めてしまった。すぐに中学の準硬式野球部に入り直し、結局また野球に明け暮れる日々となった。ここでもチームが弱かったこともあって、一時はピッチャーを、コントロールが悪くてクビになったその後は二番ショートが定位置だった。

とくべつ勉強を頑張ったと言えるほどではなかったような気がするが、テストの点数さえ取れていれば遊んでいてもとやかく言われない教育方針だったので、自由に遊ぶためにそれなりに精を出した。二百人ほどの同級生の中で成績は常に一桁、何度か一番になるくらいには優秀で、客観的に見ても文武両道の優等生だったと思う。

中学三年生のときはさすがに勉強に力を入れて、大阪で一番の進学校で、漫画家手塚治虫の母校としても知られる府立北野高校へと進学した。だがここで、上には上がいることを思い知ることとなる。

部活動には、中学から引き続き野球部を選んだ。北野高校は知る人ぞ知る野球の古豪で、戦後間もない一九四九年（昭和二十四年）には第二十一回選抜高校野球大会で優勝を果たしていた。これは大阪の公立校では春夏を通じて唯一の記録である。とはいえ、僕が入部したころには過去の栄光となり、一九五二年の春を最後に甲子園からは遠ざかっていた。

そして、北野高校といえば、文武両道で有名である。春はひたすらラジオ体操を反復させられ、少しでも肘が曲がっていようものなら最初からやり直しだった。高校では珍しく五十メートルプールがあり、夏の体育の授業中に設定タイム（全国の平均タイム）をクリアできないと、秋口の寒くなった放課後に、苔の生えてきたプールで延々と補講をさせられる。冬には淀川の河川敷を断郊競争という名のもとに走らされ、仕上げには本物の太い縄で二重跳びを前五十回、後ろ二十回跳べないと高校を卒業できない仕組みになっている。実際、クリア出来なかった生徒は大学入試センター試験（現在の共通テスト）の翌日に体育教官に呼び出されていた。最後まで出来なかったらどうなるのかを僕は知らない。一方で、体育こそ厳しかったが、それ以外は自由な校風だった。校則らしい校則はなく、金髪もピアスも体育教官に少し目を付けられやすい以外は問題なかった。そんな校風の学校だったので、野球部での生活も相まって、体力と自由な発想はそれなりについていったのだろうと思うと、これはのちの役に立ったのかもしれない。

ところで勉強の方は、入学早々に大きな挫折を味わっていた。中学までは文武両道を自負していたが、それはとんだ思い上がりだったということに嫌でも気づかされた。

年に五回の定期テスト一週間前は決まって硬式野球部の練習が休みになる。放課後のグラウンドで一緒に遊んでいたはずのあいつが、なぜ僕よりもずいぶんと数学の点数が高いのだろうか。いわゆるガリ勉タイプに負けるのなら悔しさも半減するだろう。だが何を隠そう、あいつは僕よりもクロールが速く、断郊競争で学年トップテンに入り、縄跳びは早々にクリアしてサッカーをして遊んでいる。それでいて数学の点数が僕の倍ほどあるのだ。おまけにかわいい彼女までいるというのだから、平気で二物も三物も与える神に嫉妬せずにはいられない。

そうして勉強から逃れるように、野球に明け暮れる日々を送った。野球の方はといえば、中学まで守っていたショートは送球が悪いから、という理由でクビになり、セカンドに戻っていた。それでも最高学年となった二年の秋にはレギュラーで試合に出られるようになった。

ところが数試合目の練習試合で、新チーム初ホームランを放って舞い上がった裏の守備のときである。相手左バッターのスライスしてくる打球を右手の親指で止めてしまい、指先が変な方向に曲がってしまった。そのまま病院へ直行しレントゲンを撮ると、きれいにヒビが入っていることが素人目にも分かった。

骨折が治らず新チーム初陣の秋大会初戦にはファーストのランナーコーチとしてしか出られなかったが、勝ち上がった二回戦で当時の監督から思わぬ提案をされた。

「お前の背格好なら四番にいたら勝負しづらいやろ。真っすぐは打たんでええ。変化球だけ狙っとけ。振らんでもええ、フォアボール狙いでいけ」

結果は五打席四四死球。僕がバットを振ったのは変化球を打って凡退した一回だけだった。チームはコールド勝ちを収めた。監督の慧眼をみた。何より、僕にとって人生最初で最後の四番バッターだった。

最後の夏の大会は二回戦に勝てば次は強豪履正社高校という組み合わせだったが、その前にあっさりと負けてしまった。勉強で挫折し野球部に逃げ場を求めていた僕にとって、最後の夏の大会が終わってからの夏休み期間は抜け殻のように過ごしているうちにあっという間に過ぎ去っていった。本来、高三の夏とは〝受験の天王山〟と呼ばれるくらい重要な期間であるにもかかわらず、その時間をあまりにも無為に過ごしてしまった。

エース藤浪晋太郎と天才二年生キャッチャー森友哉の黄金バッテリー擁する大阪桐蔭高校が史上七校目の春夏連覇を成し遂げた、というネットニュースを塾の自習室で眺めながら、自分は何がしたいのだろうと思っていた。具体的な将来の目標はなかった。周囲に合わせるように選んだ京都大学の過去問を前に、無力感に苛まれていた。勉強すればするほど、乗り越えるつもりでいた大学受験という山が鮮明になり、想像していたよりずっと高い壁であると気づかされた。

もとを正せば、地元の大阪大学へ進学して有名大手企業へ就職することが、僕ができる親孝行のひとつだと思っていた。だが、肝心の志望動機は親孝行であり、阪大豊中キャンパスが実家から近かったから、という安易なものだった。どの教授の下で何が研究したいのか。将来はどんな方向に進みたいのか。具体的な目標がなく、そしてそれを特に問題とも思っていない学生だったのだろう。

得意科目はこれといってなく、理系なのに物理が苦手。フィールドワークであれば楽しいかもしれない、と安直に考えた結果の農学部志望だ。ところが高校に入ってから、大阪大学には農学部がないことを知り、京都大学志望となった。それは北野高校が京大合格実績全国トップクラスで、校内にとりあえず京大を目指せ、という雰囲気があったからに他ならない。つまり、相変わらず自分の意志と呼べるようなものは皆無に等しかった。

そんなモチベーションしかなかったので成績は下降線をたどり、おおよそ京都大学を目指している学生とは思えない学力となっていた。

主体性を持てないまま年が明け、大学入試センター試験は散々な結果だったが、そのまま志望校を変えずに出願し、あっけなく落ちた。

大学へは進学するつもりでいたが滑り止めの大学を一つも受験していなかったので、その時点で自動的に浪人することが決まった。

二　北海道大学ワンダーフォーゲル部

僕の人生の転機の一つは北海道大学の存在を認識したところから始まったのかもしれない。予備校での浪人生活も数カ月が経った夏ごろ、大阪で北大の説明会があった。高校生のころから北大に興味を持ってはいたものの、北大に行きたいと本当に思ったのはこの時が初めてだった。説明会の内容についてはほとんど覚えていないので、それほど奇抜なプレゼンがあったわけではなかったはずである。唯一、水産学部では実習船を所有していて、スケールの大きいフィールドワークが出来そうだ、というのが魅力に映った。

何度か書いているとおり、高校で勉強に挫折した。同級生には、まともに同じことをしていてもきっと敵わないだろうなと思わせる秀才がたくさんいた。とりわけ机に向かっての勉強は自分には向いていないのだろう、と高校の三年間をかけて思い知らされていた。フィールドワークであれば何か違う世界が見えるのではないか。そのことは当時の僕にとって大きく、淡い希望だった。

親元を離れて一人暮らしがしたい、というのも大きなモチベーションだった。関西圏で下宿しても週末には親が様子を見に来るかもしれない。なにより自分が実家に甘えてしまうかもしれない。それでは落ち着かないし面白くない。海を越えてしまえば新しい扉が開けるだろう。そんな目論見だった。

とにかくその日を境に、僕の志望校は北海道大学水産学部となった。北海道へは高校の修学旅行で一度訪れたことがあるだけだった。

相変わらず具体的な目標はなかったが、積極的な志望校が決まったことである程度の活力を取り戻し、二〇一四年春、無事に北海道大学へと進学した。

一人暮らし初日、四月一日の札幌駅へ降り立った僕はとんでもないところへ来てしまったのかもしれないと思っていた。猛吹雪は、関西から出たことがなかった僕の想像を越えて吹き荒れていて、たちの悪いエイプリルフールだとしか思えなかった。悪天候の影響で入居予定のアパートに荷物が届かず、布団も毛布もないまま、バスタオルを敷いただけの冷たいフローリングで朝を迎えた。

札幌の街中でも十月には初雪が降り、四月まで雪が降る北海道である。そのような環境で野球を続ける気は起きなかった。せっかく北海道へ来たのだから北海道らしいことがしたいと考えていた。だが、北海道らしいことといっても何ができるのかは見当もつかない。そこで、新入生オリエンテーションで配られた、体育会系の部活が全て収録された冊子（北溟《ほくめい》と呼ばれていた）を読みふけった。どうやらワンダーフォーゲル部という部活があるらしい。道内各地の山や沢を登り、ときにはサイクリングやラフティングもやっているらしい。部員は四学年で三十人ほど、男子部員と女子部員は八割対二割ほどと記されていた。

一つ前のページには山岳部が、次のページには山スキー部が載っていたが、なぜかワンゲルに惹きつけられた。

登山にもスキーにも馴染みのない当時の僕にとっては当然の感覚だったのかもしれない。そもそも山に登山道があること。登山用の靴やザック、雨具があること。山に登れるスキー道具があること。何も知らなかった。

何よりの決め手はワンゲルの新入生歓迎ＰＶ（プロモーションビデオ）にあった。部室の一面を覆うように広げられた埃っぽいスクリーンに、先輩部員が自作した映像が、これまた埃をかぶったプロジェクターで映し出された。そこに映っていたのは、いま考えれば登山の上澄みわずか数パーセントを凝縮したようなキラキラした一瞬のつぎはぎでしかなかった。残りの九十数パーセントは泥臭く、キツイことばかりであることなど知らず、先輩部員の「これが北海道だよ」「これがワンゲルだよ」という言葉を信じ切って、半ば騙されるように入部した。

実際には簡単に入部できるわけではなかった。四年で入れ替わる部活動において技術の伝承は常に抱えている課題の一つで、上級生の数が限られている場合には、登山の安全を担保するために新入部員の人数制限が必要だとされていた。

どうやらワンゲルには入部できない可能性もあるらしい、と知った僕は他の選択肢を探し始めた。そのときにも山岳部や山スキー部は候補には入らなかった。それよりもより北海道らしい、ボブスレー部（正式にはボブスレー・リュージュ・スケルトン部）、という部活が存在することを知って、さっそく新入生歓迎会に参加した。新入生に回らない寿司をおごってくれるという噂を聞いたことが最大の目的だったが、ここで面白い話を聞かされた。

「ボブスレーの競技人口を知っているか。日本全国で百人だ。始めたその日に日本ランク百位からスタートだ。そのうち数十人が大学生で、さらにそのうち十人は北大生だ」

その先輩はこう続けた。

「オリンピックには十人が出場できる。お前なら冬季オリンピックを目指せる。ぜひ一緒にやろう」

その数字が本当なのかも、僕の何を見て可能性を感じたのかもさっぱり分からなかったが、とにかく熱量を感じる言葉だった。美味い寿司を食べさせてもらってすっかりその気になった僕は、ワンゲルがダメだったらボブスレーをやろうと本気で思っていた。

僕がワンダーフォーゲル部に入部した年は特に倍率が高く、ほぼ二倍であったと後になって聞かされた。そして、どうやら僕はあみだくじを勝ち抜いて入部を認められたらしかった。

ことの顛末はこうだ。入部抽選も終盤に差し掛かり、最後の一枠に僕ともう一人が残っていた。最初のあみだくじで僕ではないもう一人に決まった。これで決まったはずだった。ところが決まりかかったところを一人の先輩が、

「三回戦にしないか」

と食い下がったという。その先輩とは、新入生歓迎会のあとの飲み会で僕が、

「ずるでもなんでもいいので入部させてください」

と図々しくも懇願したその人であった。周囲の先輩にも断る理由はなかったらしい。入部抽選あみだくじは急きょ三回戦となり、残りの二回戦でくじの女神が僕に微笑んだ。その日の夜中には入部決定のメールが僕のスマホに届いていた。

ワンダーフォーゲル部での活動は新歓ＰＶで見たようなキラキラしたものばかりではなかった。北海道らしいことができる、というのはまるっきり嘘ではなかったが、それが最大の目的というわけではなかった。ワンゲルとはざっくりと言ってしまえば登山部だった。山岳部ほどクライミング志向ではなく、山スキー部ほど滑降志向でもなく、仲間と山で過ごすそれ自体が目的で、ロープやスキーはその手段といった認識だった。

大阪の実家から出るときに持ってきた入学祝いやこれまでのお小遣いとお年玉をかき集めたなけなしの数十万円は、あらかた登山道具へと姿を変え、一時はオリンピックを目指す気になっていたボブスレーのことなどすっかり忘れて毎週のように山へ向かった。

何が気に入ったのかはいまだによく分からない。一つ言えることは北海道の山々には人が少ないということだ。一週間の縦走をしても山中で誰とも会わないことが当たり前なのである。そこには大自然と自分たちしか存在しない世界が広がっていた。何とも言えない特別感があって、居心地がよかった。本州で登山を始めていたら、僕はこれほど登山に熱中していなかったかもしれない。

最初の登山は大雪《たいせつ》山系トムラウシ山だった。残雪の大雪山を石狩《いしかり》岳からトムラウシ山まで一週間かけて縦走する計画である。ところが、メンバーだった四年目の先輩が直前で足を骨折してしまい、急きょ代役の先輩が決まったが、日程は縮小されてしまった。

それでも初めての長期登山である。大雪湖から車で少し入ったクチャンベツ登山口へと向かう。

「あれ、林道のゲートが締まっているぞ!」

学生の登山などこんなものである。一〇キロ近く追加された林道歩きをものともせず、その日のテント場である沼の原キャンプ指定地に到着する。目の前にはこれまで絵葉書でしか見たことがないような光景が広がっていた。沼の水面に残雪をまとったトムラウシ山がきれいに逆さまに映り込んでいる。これが登山か。

重い荷物で残雪の上を黙々と歩き、辿り着いた先には至福のひとときがあった。

いつもご褒美があるわけではなかった。苦労して立てた計画が台風などの悪天候で大幅に縮小される、ということは珍しくなかった。冬になると吹雪でホワイトアウトして今どこにいるのかよく分からないまま先輩のお尻を追いかけた。最初に聞かされていた話とは違うではないか。そう思わなくもなかったが、すぐにワンゲルに夢中になって、大学の授業が二の次になるのにさして時間はかからなかった。

さらなる転機は一年生の春休みに訪れた。

ワンゲルでは年度末の三月に四年生が思い思いの渾身の卒業山行を計画する。

その年も日高山脈や大雪山系での縦走が計画される中、僕は先輩らとの六人パーティで知床半島を十日間かけて縦走する計画に参加できることとなった。準備の段階から、知床がいかに気象条件の厳しい場所であるか、本山行までの数回の準備山行の間にどのようなことが出来るようにならなければならないか、過去にはどのような気象遭難の事故がありその原因は何だったのかを部会のたびに執拗に叩き込まれた。その甲斐あってか、僕の脳裏には知床＝天気が悪い場所というイメージがびっちりとこびりついていた。

その年の知床は例年になく雪が多かった。普段であれば羅臼《らうす》側の除雪終点である相泊《あいどまり》の八キロ手前で、雪崩の危険のために通行止めになっていた。出発の朝も吹雪だった。海岸沿いを歩き、尾根に取り付く目印となるウナキベツ川との出合いを目指す。なんとか前を見ようと必死になるが、そのたびに海風に飛ばされた湿った雪が全身に向かってぶつかってきた。

しばらく進むと目の前に、足を怪我して動けなくなったエゾシカが一頭うずくまっていた。周りにはキタキツネが様子を伺うようにうろうろしている。崖の上にいるオジロワシの鋭い眼光は今まさに獲物を見つけたと言っているかのようだった。果たして僕は無事に帰れるのだろうか。他人事のように心配になった。

翌日はすっきりと晴れ渡った。海のかなたというほど遠くない場所に昨日は見えなかった島が見えた。先輩曰く国後島だという。島の端の方に雪を抱く大きな山が爺爺岳《ちゃちゃ》だ。

今、僕はすごいところを歩いていると、バカみたいなことを考えていた。知床半島の主稜線に乗り、そこからさらに岬に向かって縦走を続けた。

数日後に知床岬にたどり着いた。ところがそこには人がいて、こちらに近づき話しかけてきた。

「北大ワンゲルだよね？」

そう声を掛けてくれたのは北大山スキー部のＯＢで知床財団に勤めている寺山元さんという方だった。

「これからエゾシカ駆除の追い込み猟をするところだったんだよ。君たちが来るっていうから探していてね」

話を聞くと、どうやら僕らを鹿と間違えて撃たないようにわざわざここまで来てくださったらしい。危うく撃たれるところだった。岬にテントを張って泊まるつもりだったので少し残念だったが、撃たれたくはないのでその日のうちに知床岬を後にした。

岬に出た後は羅臼側の海岸に沿って歩いた。歩けないような岩が出てくるたびに斜面を高捲きするか、干潮を狙って岩場をへつることで乗り越える。さらに二日歩いて初日に登り始めたところまで戻ってくると、初日に鹿がうずくまっていたその場所に、生々しい鹿の骨が転がっていた。これが知床という場所で、これが自然ということなのだろう。

　登山はさらに継続して、斜面をもう一度主稜線に向かって登り直して、今度は知床半島の基部に向かって縦走を続けた。

　最終日、最低鞍部を越えて、知円別《ちえんべつ》岳の手前まで来た。きょうで一週間以上晴れ続けている。事前に聞かされていた話はなんだったのだろうか。嬉しい誤算なのだろうと思った。


　先輩の後ろをついて歩いていると、不意にそれ以上高い場所がなくなった。

　眼前には海と空、雪と流氷だけの風景がどこまでも広がっている。ここにいる間は、この世には青と白しか色がないのではないかと思えた。日本にこんな場所があるということを、こんな世界があるということを知った。僕にとって初めての冬

2015年3月。登山にのめり込むきっかけとなった 知床縦走。奥には羅臼岳

の知床は、強烈な印象を残した十泊十一日だった。本当の意味で、登山にのめり込んだ瞬間だった。

三　休学届

次の転機は二年生の六月に訪れた。

北海道大学では六月上旬に大学祭があり、その休み（と前後の授業を休むことで作り出した日程）を利用して残雪の大雪山系で強化合宿を行うことが北大ワンゲルの恒例行事だった。その年の僕らのパーティは大雪山系東部のユニ石狩岳登山口から入山して、稜線伝いに石狩岳を越えて登山道を外れ、残雪を繋ぎ、ときに藪漕ぎをしてニペソツ山を目指す一週間の行程だった。その初日はブヨ沼キャンプ指定地までの行程だった。強化合宿の名の通り、部員を強化することが目的なので、ザックはパンパンに膨れ上がっている。中にはテントや食料のほかに、必要なのかそうでないのか分からないような大量の物資が詰め込まれている。強化されてこい、という気持ちがこもった先輩からの差し入れは、そのほとんどが食料やジュースや酒だったが、一週間の縦走では消費しきれないのではないかと思われる量になるので、ゆがんだ愛、と呼ばれていた。見込みのある二年生にはたくさんの愛情が注がれる。一年で一番重いザックを担いで、汗だくになって今日のテント場へ到着すると、先着グループの女性がこちらに声を掛けてきた。

「すごい荷物持ってるね！」

そういうと、テントの中にいた別の女性から透明な液体がなみなみと注がれたカップを手渡された。

「お疲れさま。まぁとりあえず一杯」

言われるがままに杯に口をつける。お湯で割った焼酎の味がした。最初の女性が続ける。

「北大生でしょ。いっぱい担げそうだし今度うちで荷物持ちのアルバイトしない？」

一緒にいた先輩や後輩が尻込みしているのをよそに、僕は真っ先に自分の携帯の電話番号を教えていた。

翌月には二泊三日の十勝《とかち》連峰縦走ガイドツアーにポーターとして参加した。女性は北海道を中心に活動する有名な登山ガイドで、お湯割りをくれたのはその常連さんだったことは後になって知った。富良野《ふらの》岳に登って上《かみ》ホロ避難小屋に泊まる。夜はもちろん宴会だ。翌日は十勝岳や美瑛《びえい》岳を縦走し、美瑛富士避難小屋で宴会だ。その翌日オプタテシケ山に登り白金《しろがね》温泉へ下山したころには、この仕事はとても楽しい、と思っていた。ガイドと顧客という関係を越えて、山のベテランとその弟子というような関係に見えた。どのガイドもそれだけのスキルを身に着けているわけではないらしいことは後になって知るのだが、当時の僕は、これが登山ガイドという仕事なのだと感じていた。山に登り、それで食っていく。こんな働き方、生き方があるのだということを初めて知り、自分もそんな生き方がしたいと思った。家に帰ると、どうすれば登山ガイドになれるだろうかと考えるようになった。

水産学部で入学した多くの学生にとって、部活動は二年で終えるものだった。他の学部と違って三年生からは函館のキャンパスでの授業や研究が始まる。札幌から二五〇キロほど離れている函館からはまともに部活に参加できないのである。だからワンゲルは二年で卒部するものだと、僕も周囲も当然そう思っていた。ところが、登山ガイドになりたいと考えるうちに、ワンゲルを二年で辞めるのはもったいないという考えが芽生えるようになってきた。

ガイドになりたければ、まずは自分の力で山に登れるようにならなければ話にならない。だが、他大学の山岳団体の多くもそうだろうが、部活動では主に上級生が登山計画を立て、下級生は付いていくことがもっぱらである。もちろん先輩に教えられながら実践の中で学び成長していくわけだが、あくまでも主体的に計画を立てるのは上級生になってからなのである。それでは二年で辞めてしまっては一登山者として自立できない。ましてやゲストを山へ案内することなどもってのほかである。そう思い、大学二年の秋に二年間大学を休学することを決意した。

二年でワンゲルを卒部してから、社会人山岳会や他の山岳団体へ入る、あるいは独学や一人の師匠に仕えるという方法も考えたが、せっかくなら登山と出合わせてくれた北大ワンゲルのノウハウを一通り吸収してからでも遅くないと考えてのことだった。なによりワンゲルでの活動が楽しかったことがこの決断をする上で大きな後押しとなった。

理系学部で大学に入学した時点で、大学院をストレートに卒業するまでの六年間は学費や生活費の面倒を見てくれる、という話を両親としていた。その時点でそうとう恵まれている。にもかかわらず、「やりたいことができたので大学院には進まないが、二年間休学する分も含めて六年間というのは変わらず仕送りをしてほしい」と頼んだ。自分でもなんと図々しいのだろうと思う。

それに対して両親はほとんど反対しなかった。むしろ

「それだけやりたいことが見つかったのならとことんやってみなさい」

と応援してくれた。その後には

「自分の中ではもう心が決まっていて反対したところでどうせやるんでしょ」

というようなことを言われた。たしかに僕は小さい頃から、自分がこうと決めたことは絶対に譲らない頑固なところがあった。そんな僕を十分に理解しているので、半ば諦めにも近い感覚だったのかもしれない。そして最後にこう問われた。

「ところでガイドという仕事で生活していけるのか。六年以上好き勝手やるのはいいけど、それ以降は自分でなんとかしてね」

アウトドア業界に疎いからというのではなく、親としてもっともな心配だろう。だから休学の唯一の条件は「休学期間が終わったら必ず復学して大学を卒業すること」だった。どうやらこの直前に当時の僕は「休学期間が終わったら退学する」と言っていたらしい。不思議なことに僕自身はこのことを全く覚えていないのだが、しばらく考えたのちに「好き勝手させてもらう分、ひとつくらいは安心材料があった方がいいか」と思い直し、この唯一の条件をのむことにした。

最終決断の前には、ほかに何人もの仲間や先輩に相談をした。年配の方から同期まで、幅広い年代から多様な意見を得ることを心掛けた。

誰に相談しても賛成してもらえなかった。そして誰もが同じ言葉をくりかえした。

「わざわざそんな不安定な道に進まなくても……」

「せっかく北大に入ったのにもったいない……」

そんな言葉を掛けられるたびに、それなら休学しよう、と確信した。

相談しようと決めたときから、相手が僕の決断に賛成なのか反対なのかは大した問題ではなかった。相談の中で僕が聞きたかったのはその人の結論ではなく、反対や賛成の理由だった。もしもこの決断を覆す可能性があるとすれば「自分がまったく想定できていなかった理由で反対されたとき」だと思っていた。

だが、誰の口からも僕が想定した以上の理由は出てこなかった。どれだけ反対されても、「その反対理由はすでに検討済みです」と思えた。誰からも新しい指摘が出てこなかったことで、自分の決断に自信を持つことができた。

一通り相談し終えると、今後自分が誰かから相談されたときは、自分も一度は反対するだろう、と思うようになっていた。誰かに反対されたくらいで意思が揺らぐのではおそらくうまくいかない。それなら最初からやらないほうがいい。

僕の決断に一人だけ、賛成も反対もしない人がいた。優子だった。北大ワンゲルの同級生として入部し、大学二年の夏前から交際を始めた。入部当初の第一印象は、色白であまり笑わない女の子、という感じであったし、彼女も僕のことを、いい加減で雑なヤツ、だとしか思っていなかったらしい。そんな二人が一年後には意気投合するのだから世の中何があるかわからない。彼女はいい意味で放任主義、よほどのことがなければ流れに身を任せるタイプだ。僕への接し方については持ち前の包容力ゆえなのか、半ば諦められているのか。本当のところは今でも聞き出せないでいる。

休学した二年間はワンゲルのシェアハウスに移り住んだ。ボロボロの一軒家を貸し切って、現役部員やOB合わせて男五人での共同生活だ。就職などで先輩が退去するとそのたびに後輩が入居し、代々受け継いでいた。僕のときにもちょうど部屋が空いて、四畳半の部屋に水道光熱費込み一万九〇〇〇円で住み始めた。同じタイミングで山岳部の知り合いが廃車にする予定だったガタガタのマニュアル車を譲ってもらって、一軒家の庭に無造作に停めていた。

平日の日中は発寒イオンモールの中にあるモンベルでアルバイトをして、平日の夜は部会や登山の計画、週末と長期休みはどっぷりと北海道の山に浸る、という生活だ。アルバイト代を山道具につぎ込んで、シェアハウスで生活費を浮かし、もらった車で山へ向かう。その間には北大ワンゲル六十二代の主将を経験し、地道に登山のスキルを蓄えていった。

そうして部活動を四年間全うし卒部すると、次の二年間は函館に住んだ。休学するときの両親からの唯一の条件である「卒業だけはしてくれ」という約束を守るためである。そのころにはすっかり水産学部の勉強には興味を失っており、お世辞にも真面目な学生生活とは言えなかったが、単位を取らないことには卒業できない。北大を知ったときに憧れた実習船での研究は、そんなことをしていては山へ行く時間が減ってしまう、という理由から乗船の必要のない学科へと進級した。

平日は授業があるので函館を離れられず、山にも行けない。そこで高校以来離れていた野球を思い出し、軟式野球部に入って友達を作るところから始めた。そこでできた成績優秀な友達に試験の予想問題を作ってもらって、訳の分からないまま丸暗記して乗り切った。成績優秀な友達とは、僕が一単位を取れたら彼に昼食を一回おごる、という契約をしていたから、僕が試験を確実に合格できるように必要以上にしつこく丁寧に教えてくれた。僕にとっても一単位が一食分の八百円程度で回収できるのならそれ以上の条件はなかった。

四　単独行

軟式野球部の練習へは平日の運動のために出ていたが、あくまでも登山のための運動だった。そのころの僕の目標は学生のうちに積雪期に単独での「日高山脈全山縦走（日勝峠〜襟裳岬）」をすることだった。

きっかけは一冊のファイルだった。

北海道大学ワンダーフォーゲル部で登山に出合った僕にとって、登山とはパーティで登るものだった。部内では主に安全面の問題から単独行は禁止だった。ところが大学二年目のある日、部室の隅っこに追いやられた一冊のファイルが目に留まる。「日高全山縦走ファイル」と名付けられたそれは、卒部した先輩の単独行記がいくつか挟まれただけの薄っぺらな冊子だった。けれどその中身は、当時の僕を刺激するには十分だった。それ以降、頭の片隅で〝単独〟、そして〝日高全山〟を意識するようになる。

それから四年ほど経った二〇一九年、函館で迎えた最初の春休みは前年に部を離れ単独行が解禁された、待ちに待った春だった。

いよいよ日高へ行こう。そうは言っても長期の単独行は初めてだ。いきなり日高全山へ挑戦するのはハードルが高いと思い、悩んだ末に出した結論は準備山行としての「積雪期単独知床半島全山縦走（海別岳《うなべつ》～知床岬）」だった。知床といえば、大学に入って初めての春に十泊十一日の長期縦走に連れて行ってもらった思い出の山だ。果たしてこれが準備山行として適切だったかは今となっても分からない。準備山行と言いつつも、ただ知床を端から端まで歩きたい、というだけだったように思う。それでも長期の単独行の経験と、根拠の弱い自信を得るという意味では申し分なかった。好天にも恵まれて二月末に知床の計画を十三日間で完遂すると、勢いそのままに、一週間余りの休養を経て日高山脈へと向かった。

日高は険しく、そして厳しかった。知床で自信が得られたら日高でも通用するのではないか、と思っていたが、どうやら両者は困難さのベクトルが違っていた。気象判断が核心だと言われる知床全山縦走に対し、日高全山縦走では心技体全てにおいて高い総合力が試される。前者は幸運にも天候を味方につけて乗り越えられたが、後者はそうはいかない。三月中旬の十七日間、日勝峠から襟裳岬までの約一七〇キロの間に、避難小屋などの人工物は一つもない。降雪とラッセルにあえぎ、切り立った稜線に張ったテントは、吹きだまった雪にじわじわと押しつぶされる。睡眠不足もそのままに、踏み出した左足のすぐ左から、大きく張り出した雪庇が崩れたのも一度や二度ではない。挙句、後半は悪天候の周期にはまってしまい、連日の猛吹雪の中を「ここで諦めてなるものか」と頬に凍傷を作りながら進んだ。

だからこそ、縦走終盤のピリカヌプリ（アイヌ語で「美しい山」の意）山頂で望んだ朝焼けは、今まで目にしたものの中で一番美しかった。八日ぶりに見る太陽だった。振り返ると二週間かけて越えてきた真っ白な稜線が幾重にも重なっている。この晴天さえも低気圧が通過する前の奇跡のような時間だった。わずか二時間後にはホワイトアウトに戻っていた。いわゆる疑似好天だった。全体から見ればほんの一瞬だったが、あの感動は今でも色褪せることはない。

初めての大縦走から帰ると、自分の記録を書くより先に、立て続けに二冊の本を一気に読んだ。一冊目が『果てしなき山稜　襟裳岬から宗谷岬へ』（志水哲也著／ヤマケイ文庫）だ。

北海道を端から端まで縦断した志水哲也さんという方がいて、その著書があることは日高全山縦走に出かける前から知っていた。知っているだけでなく、知ってすぐにAmazonでポチっと購入して、出発前にはすでに手元にあった。けれど読まずに出発した。余計な情報が増えて、自分の山行ができなくなってしまうのではないかと恐れていたのである。なにより、僕と同年代のころの志水氏が六カ月間ぶっ通しで入山した超人的な記録だと思い込んでいた僕は実のところ、日高に出発する直前に、せいぜい三週間程度の自分の計画のちっぽけさが露呈するのを嫌ったのだと思う。しかし実際には志水氏は一つなぎではなく、全行程を十二回に分けて縦走し、六カ月間の内の半分近くは下界で過ごしていた。自分の計画を無事に終えて、満を持して読み始めた僕はあろうことか安心してしまった。志水氏も人間だったと。

そしてもう一冊が志水氏の著書で度々登場することで知った、『北の分水嶺を歩く』（工藤英一著／山と溪谷社）である。

工藤氏は北海道の宗谷岬から襟裳岬へと続く長大な山岳ルートを、十五回の山行、延べ日数にして約百三十日を要して初踏破した。最初の山行から十七年後の達成だった。『北の分水嶺を歩く』はその記録をまとめた一冊だ。

『北の分水嶺を歩く』の元となった工藤氏の報告書をきっかけに、志水氏は十二月から五月の半年間で北海道を南北に歩き切る計画へと着想する。その内容には山の過酷さはもとより、自分探しの旅、現実との葛藤に溢れていた。誤解のないように言っておくと、志水氏はその数年前にも単独で日高山脈全山縦走をしており、この計画に求めているのは単なる困難さや過酷さではない。ただ、厳冬から早春にかけての北海道を全身で感じるために、内なる自分と向き合うために、終わりを宗谷岬とだけ決めて旅に出たのだ。志水氏は、この終わりさえも仮のゴールであり、納得すれば途中で終わってもよく、納得できないまま岬までたどり着いても意味がない、と綴っている。ものすごい旅だ。その考え方や生き方、ふとしたときに社会の常識に反発してしまう心情描写や随所に見せる人々への猜疑心には思わず共感してしまうところがあり、ページをめくる手が止まらなかった。単独で向かう北海道の厳しい雪山と、下界で出会うたくさんの温かい人々とのふれあい。このコントラストこそが志水氏の魅力の一つなのだが、これは一つの長大な〝旅〟だ。一つの〝山〟として、宗谷岬から襟裳岬までの総距離六七〇キロを、一度も街に下りずになんとか一つなぎで歩き通せないものだろうか。きっと地図を眺めての妄想くらいはした人がいるかもしれない。だが達成はおろか、挑戦した人もいないという。そうか、ならばこの足で……。と思わないでもなかった。だが、本当に行動に移すにはあまりに計画が大きすぎて、そう簡単に取り掛かれるものではなかった。

二〇一九年の春に知床半島と日高山脈を単独で全山縦走できたことは自分にとって少しの自信となった。知床と日高をワンシーズンで全山縦走したのはどうやら僕が初めてだったらしく、ワンゲル顧問の教授の的確な推薦文のおかげもあって、「令和元年度北大えるむ賞」を受賞するに至った。このことは表彰してもらったということ自体よりも、大学に活動を認めてもらえた、という喜びの方が大きかった。

「北大えるむ賞」の説明には、

「『北大えるむ賞』は、国際的規模・全国的規模などの競技会、展示会、発表会等で優秀な成績をおさめた場合、環境保全運動、社会福祉活動、青少年育成活動、海外援助・協力活動等に積極的に参加して優れた評価を受けた場合、日常の活動における自己研鑽並びに他の学生の指導等に優れた評価を受けた場合等、本学の名誉を著しく高めた団体、または個人を表彰する制度」(北海道大学ホームページより)

とある。つまり、あれだけ不真面目で低空飛行だった落ちこぼれ学生が「優れた評価」に値し、「本学の名誉を著しく高めた」と認められたのである。教育研究機関に過ぎないと思っていた大学側から褒められるとなんだかむずがゆい思いがした。

低空飛行の落ちこぼれ学生が卒業するためには、最後の一年くらいは少し頑張らなければいけなかった。長期縦走を控えなければならないのはなによりの苦痛だったが春にはまた長い山へ行けると思うと乗り越えられた。

北大えるむ賞の表彰式は二〇二〇年の三月に予定されていたが、直前になって式が中止されるとの連絡がきた。理由は聞くまでもなく明らかだった。未曽有の感染症、新型コロナウイルスの蔓延である。

えるむ賞の授賞式と、六年お世話になった大学の卒業式が問答無用で中止となったが、そんなことはどうでもよかった。「授賞式くらいは出席するか」「着られるスーツがあっただろうか」とは思っていたが、卒業式に関してはその時期に長期縦走の計画を立てていたのでそもそも興味がなかった。

そんなことより、深刻な問題が立ちはだかっていた。登山計画がとん挫したことも悲しかったが、それよりも、卒業して社会に放り出されたにもかかわらず、当面の仕事が一切なくなったのである。登山ガイドになると息巻いて、就職活動をせず（そもそも三月一日の就活解禁日には知床半島先端部の電波圏外にいた）、どこにも所属せずに社会人となったにもかかわらず、少なからず入っていた先輩ガイドのサポートの仕事は半年先まできれいさっぱり白紙に戻ってしまった。当然前年の実績などのない僕に金銭的な補償があるはずもなく、この先しばらく収入がゼロとなることが分かり、さすがに少しうろたえた。

一日中テレビをつけていても「不要不急の外出は控えるように」と「ステイホーム・三密回避」の一点張りで、僕がこの先どうやって生きていけばよいのかは教えてくれなかった。

いずれにせよガイドサポートの仕事だけでは食べていけないだろうことは分かっていたので、登山用品店のアルバイトに応募しており、これは確実に雇ってもらえそうだという手ごたえを得ていた。だが、政府が緊急事態宣言を発表すると、採用はあっけなく見送られた（これに関しては、どうやらコロナとは関係なく不採用だったことが数年後に分かった）。

やり場のない無力感をごまかすように一般の求人雑誌に目を通し、二週間ほどでピザのデリバリーのアルバイトを見つけた。一週間ごとにシフトが決まるらしく、翌週の山の天気予報を見てからシフト希望を出せるのが気に入って面接を受けた。世はコロナ禍真っ只中である。デリバリー業界は空前の繁忙期を迎えていたようで難なく採用され、一応の目先の食いぶちを確保することに成功した。

ゴールデンウイークを返上で、来る日も来る日も焼きあがったピザが冷める前に社用車の軽自動車で指定された住所と店舗とを往復した。二〇二〇年の五月は一度も山へは行かず、ひと月のほとんどをピザ屋と自宅で過ごした。

そうして五月はほぼ休みなくフルタイムで出勤したが、バイト代はせいぜい十五万円程度だった。

これでは先がないと思い直し、アルバイトは何とか食べていける最低限に控えて、これからのことを考える時間に充てたいと思うようになった。幸いなことに、大学二年のときから交際していたワンゲル時代の同級生の優子と、この春から家賃四万五千円の安アパートで同棲を始めていた。家賃のほかに食費や生活費を全て合わせても一人五万円出し合えば生きていけた。

目下の課題は、このさき僕は何をして生きていきたいのだろう、というたってシンプルで、それでいてとても難しい問いだった。コロナ禍に直面し、登山ガイドをはじめとするサービス業、とりわけフリーランスでの働き方はあまりに不安定で僕には向いていないのではないかと今さらになって思っていた。

そうして一つの結論を出した。彼女の実家が宮城県だったこともあり、宮城県庁職員として公務員試験を受けようと考えたのである。さっそく募集要項を確認した。本屋で地方公務員試験の参考書を買ってきて、六月に入ってからの一カ月くらいは毎日数時間机に向かって勉強をしていた。すでに二十五歳になっていたが、いまならまだ間に合う、という根拠のない自信だけはあった。何より、少しでも前に進んでいる実感がほしかった。

少し潮目が変わってきたのは七月に入ってからだった。北海道ではコロナ禍がいったん収束の気配を見せており（いま思えばその後何度も続く感染拡大のうちの第一波が終わっただけであったが）、北海道の夏山ハイシーズンが始まるタイミングとも相まって、登山ガイドの仕事が復活しつつあった。

仕事があることに感謝しつつ山に登ると、そこには何も変わらない北海道の大自然が広がっていた。むしろ人々の往来が減少した分、大地は生き生きとしているように見えた。

やっぱりこれだ。僕の人生には登山が必要だ。そう思った。

仕事を終えて家に帰ると、真っ先に優子に話しかけていた。

「やっぱりガイドになろうと思う。公務員試験の話はなかったことにして」

「あら、そうなの。山でいいことあったの」

彼女はそう言うと、それからの僕の話にうんうんと頷いた。それ以上なにも聞かず、賛成することも反対することもなかった。

翌日には一カ月だけお世話になった参考書を古本回収に出した。その代わりに山の本を読むようになった。とりわけ二冊の本を繰り返し読んでいた。

一年前にも読んでいた『果てしなき山稜　襟裳岬から宗谷岬へ』。そして、『北の分水嶺を歩く』である。

「完全単独ワンシーズンであれば、極地の単独歩行横断に匹敵する、最も困難で素晴らしい記録になることは間違いない」

工藤氏があとがきに残したこの言葉を頭の中で反芻していた。極地というと、北極や南極ということだろうか。そこがどのようなところなのか僕はまだ知らない。ひょっとするとそのレベルの大変な挑戦なのかもしれない。

工藤氏のあとがきはこう続く。

「いつの日か誰かに、人並はずれた艱難辛苦に耐える精神力と強靭な体力の持ち主に、挑戦し実現してもらいたい。本州や外国ではなく地元の北海道にこんな素敵なかけがえのないルートがあるのだから、道内のこれからの若き岳人に期待している。人間の精神力と体力の可能性を広げ、登山者はもとより、登山の世界を知らない一般市民にも感動と夢を与えてやまない、本物の山行になると僕は強く信じている」

ぼんやりと、この〝若き岳人〟というのが僕のことにならないかな……と思う。「本物の山行」という言葉は僕の心を惹き、深く脳裏に焼き付いた。

一年以上前に読んでいて、新型コロナウイルスの蔓延でやることがなくなり再び読みなおした。繰り返し読み、何度もあとがきにたどりつくうちに、やっぱりこれかな、と思った。

このさき登山ガイドとして、いや、山の世界で生きていきたい者として、これならやっていけるかもしれない、という自分の中での自信がほしかった。これだけのことをやってのけたのだからそれ以外のことなど大したことではない、そう思える何かが僕には必要だった。

僕は北海道で登山と出合い、北海道の山だったからこそ、ここまで登山にのめり込んできた。それはこの計画をやるためだったのかもしれない、とさえ思った。

この突拍子もない、前代未聞の計画を自力でやり遂げられれば、誰かに評価されるといった次元とは違う、この上ない自己満足が得られるのではないか、という希望が湧きあがっていた。

五　計画

前述したとおり、計画を思いついたのは工藤英一氏の著書『北の分水嶺を歩く』であとがきを読んだのがきっかけである。だから通過ルートに悩むことはなかった。

北海道を南北に連なる稜線を一つなぎに縦走する。北海道最北端の宗谷岬を出発して南端の襟裳岬まで。総距離六七〇キロに及ぶ分水嶺の間に、街はない。距離だけでも途方もない数字だ。六七〇キロといえば東京から岡山くらいまで行くことができる。富山の日本海から静岡の太平洋まで続く日本アルプスで四〇〇キロ程度なのでその一・五倍以上だとすると、いかに北海道が大きいかが分かる。そして、最大の魅力は、この六七〇キロの間に一つも街を通らないことだ。いくつかの峠を除けば、ひたすらに山岳地帯が続いている。こんな魅力的なラインはほかにないのではないか。少なくとも日本にはないと言ってよい。とはいえ本当に一気に縦走できるのだろうか。天候周期やシーズンを通しての積雪量など、運に左右される要素もあるので、どれだけ綿密に準備をしても成功率はせいぜい三〇〜四〇パーセント程度だろう。一方でこれまでの長期縦走の経験値や体力・技術のバランスを考えれば、やるなら今だ。それがこの計画への第一印象だった。

計画に当たって考える必要があったのは大きく分けて以下の五点だ。

①計画日数
②一日当たりの食料
③出発の時期
④出発する場所（宗谷岬から南下、または襟裳岬から北上）
⑤デポの数

ここからは一つずつ、今回の計画と、その判断に至った経緯を記したい。

まず①の日数についてだ。誰も挑戦したことがないのでこの判断こそが今回の計画の最大の肝となっているといってよい。北海道の雪山において、四〇キログラムを超えるザックを背負っての縦走は、これまでの経験上、一時間に一キロメートルからせいぜい二キロメートル進むのがやっとであることが多い。つまり、一日十時間行動したとしても十数キロ進むのが限界で、六七〇キロメートル歩くとなると計算上は五十日程度が必要となる（一三キロ×五十日＝六五〇キロ）。だが、これはあくまで机上の空論であり、実際には前日の降雪でラッセルが深ければ、一〇キロメートルも進めないことなど十分にあり得る。もちろん悪天候で停滞すれば、その日の移動距離はゼロだ。天候と雪が許せばスキーで二〇キロメートル進める日がある一方で、日高山脈はその険しさから、順調に行っても一日に一〇キロメートルは進めないだろう。そのような経緯から、今回の計画では理論上可能だと考えた五十日に対して二週間分の予備日を含めた六十四日間での計画とした。

そして②の食料について。一日当たりのカロリーについてはこれまでの経験則をベースに最低でも三〇〇〇キロカロリー以上は必要であると考えた。そのあと参考にしたのは、極地探検をしている冒険家の食料事情だ。彼らはたいてい一日五〇〇〇～七〇〇〇キロカロリー程度準備している。それでも一日に七〇〇〇キロカロリー以上消費するからどんどん痩せていってしまう。彼らの舞台はマイナス三十度を下回る世界である一方、こちらはせいぜいマイナス二十度程度であること、彼らはそりなどを使って一〇〇キログラム以上持っていけるのに対して、こちらはザックですべてを背負わなければいけないことから、本当は最低でも四〇〇〇キロカロリーほしいなと思いながら、一日当たり三五〇〇キロカロリーとすることで落ち着いた。

食料はできるだけ軽くてカロリーがあるものだけで構成した。一〇〇グラム当たり五〇〇キロカロリー未満のものはできるだけ使わないと決めた。例外として

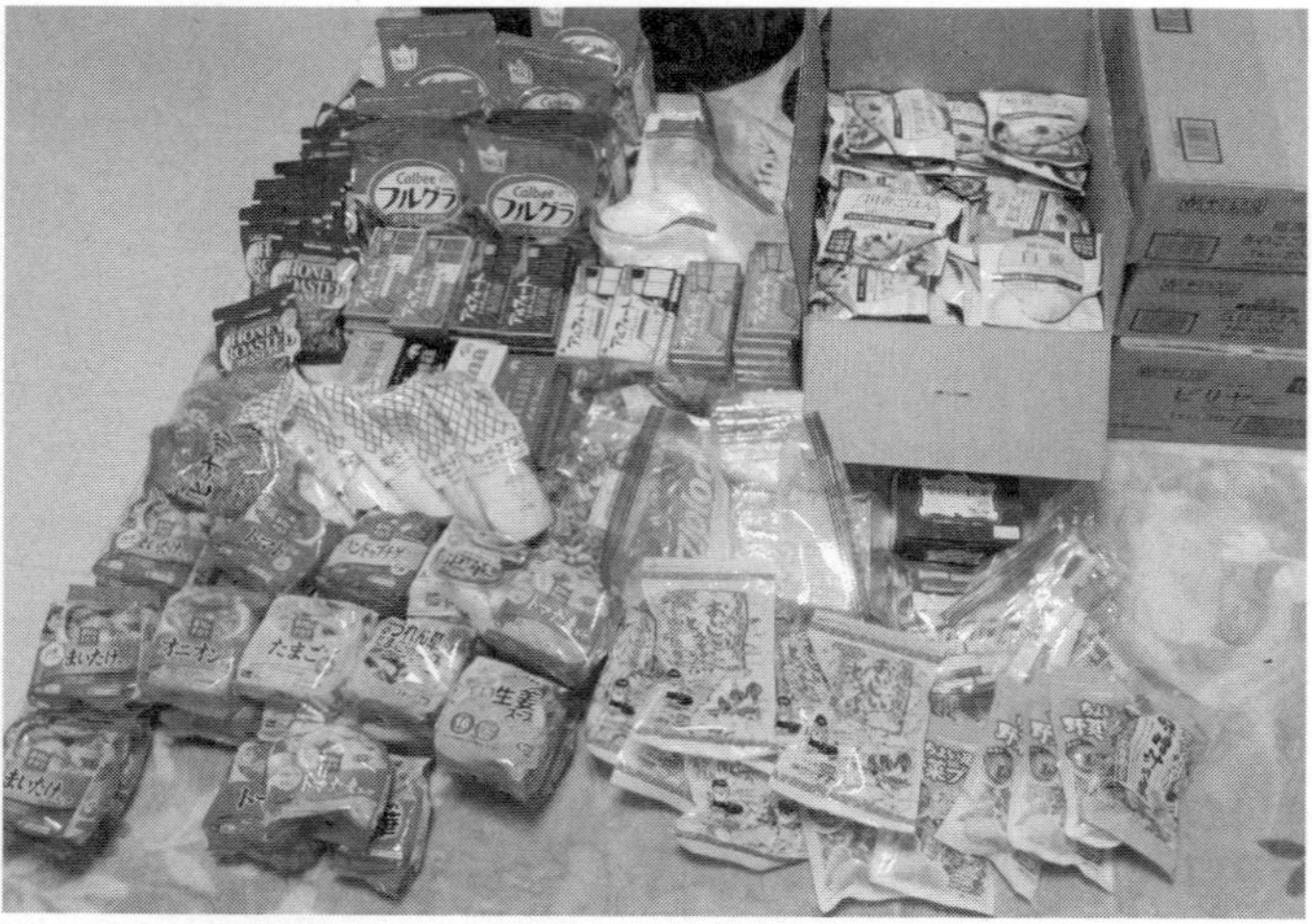

準備した食料は全部で50kg超。マヨネーズは先輩ガイドから受け売りのこだわり

ビタミン不足解消を意識してフルーツグラノーラを追加し、気休め程度に一日一錠のビタミン剤（マルチビタミン）を準備した。主食は一食一〇〇グラムのアルファ化米を一日三食（六十四日間で一九二食分）だ。おかずとなるのは学生時代から作っていたペミカン約三〇〜四〇グラム（アメリカ先住民の伝統的な保存食を日本風にアレンジしたもの。豚ひき肉を炒めて水分を飛ばし、塩胡椒で味付けした後に牛脂やバターで固める。水分がなくなることで腐りづらくなり、また軽量化することもできる）だ。アルファ化米、ペミカン、それに乾燥野菜と高野豆腐をジェットボイルにひとまとめに入れ、フリーズドライのスープで雑炊のようにする。

調理ストーブは熱効率のよいジェットボイルのみを使用した。燃料節約のため、雪を溶かして作った水でアルファ化米を戻す。お湯だと十五分で戻るが、水なので一時間待つ。あとは具材を入れ、ジェットボイルに移して食べごろの温度まで上げるだけだ。こうすれば水を沸騰させる必要がないので、五〇〇グラムのガス缶一缶で七〜十日もたせることができる。六十四日間の計画なので燃料は九缶＋非常用の予備小缶を準備した。

行動食はもっぱらビスケットとチョコレートにナッツ類。雪山登山ではお馴染みのラインナップである。そのほかに紅茶用の砂糖を三キログラム、カロリー要員としてマヨネーズ二・二キログラムなどを用意した。マヨネーズは、厳冬期北アルプス全山縦走（日本海〜穂高岳）を達成した北海道の先輩ガイド、舟生大悟氏の講演会を聴いて取り入れた。六十四日の間、毎日ほとんど同じものを食べ続けることになる。バリエーションにははなはだ乏しいのだが、そこは我慢するほかない。

次に考えるのは③出発の時期だ。まず知っておく必要がある事実として、今回の六七〇キロメートルに及ぶルートにおいて、登山道が整備されている区間は大雪山などのメジャーな縦走路以外にはほとんどない。そして、ほとんどの登山道がない区間（全体の約八割）は夏には鬱蒼としたヤブに覆われており、雪の積もる時期にしかまともに縦走することはできない。このことから、大まかに積雪期に縦走するということは迷わなかった。しかし、具体的に何月何日に出発するのかというのが、悩みの種だった。③を考えるに当たって、④「南下または北上」の選択はこの計画を支える重要な指針となるはずだ。考慮すべきは、時期による山域ごとの積雪量と、標高にも依存する融雪スピード（残雪量）である。北海道分水嶺は大きく分けて以下の三つの山域に分類することができる。

●比較的積雪は多いが、標高が低く融雪が早い道北エリア（宗谷丘陵・北見山地）

●二〇〇〇メートル超えの標高に加えて多雪のため雪不足の心配はないが、気象条件が厳しい大雪山エリア（石狩山地）

●太平洋側に面し比較的少雪な一方、技術的難易度が高い日高山脈エリア（日高山脈）

まず、宗谷岬から南下するメリットは積雪が十分にある時期に道北を越えられることである。また、技術的に難易度が高く今回の計画の核心部となるであろう日高山脈を雪が安定して比較的歩きやすい時期に通過できることも大きなメリットだ。だが、南下の最大のデメリットは、その日高山脈を疲弊し切った最終盤に越える必要があるという点にある。

一方で襟裳岬から北上すれば、日高山脈を最初に越えられるという利点はあるものの、こちらには別の欠点があった。

南北に連なる山脈を北上すると、ほとんどの山でその山の南面を登り、北面を下ることになる。今回の縦走を計画していた三～四月ごろの南面は多くの場合で日当たりがよく、昼前には雪が緩んで登りづらくなる。ところが息絶え絶えで山頂へたどりつくと、今度は日陰となっている北面が完全に凍りついているのだ。逆向きであれば硬く締まった北斜面を登り、緩んだ南斜面は重力を味方につけながら下ることができる。このアップダウンが縦走中に延々と続くので効率を考えると北上には大きな欠点となると思われた。

これらを踏まえて悩みに悩んだ結果、「積雪が十分にある時期に道北を越えられること」「技術的難易度の高い日高を雪が落ち着く後半に回すことができること」「北上には大きな欠点があること」を考慮して、宗谷岬から南下することを選んだ。日高が五月にずれ込むと今度は雪が途切れてきてヤブこぎの心配が出てくるので、四月末から六十四日逆算して、二〇二二年二月二十六日に出発することが決まった。

最後は⑤デポの数だ。ここで考えるべきは背負える重量に限界があるということである。単独知床半島全山縦走（二〇一九年二月二十日〜三月四日、十三日間）や単独日高山脈全山縦走（二〇一九年三月十四日〜三十日、十七日間）といったこれまでの経験から、一度に背負える重量の限界は僕の場合はおよそ四五キログラム程度だという感覚を得ていた。五〇キログラムになるとたんに歩けなくなるわけではないが、それまでに比べると明らかにペースが落ちる。食料を増やしたせいでペースが落ちて日数が増えるのでは本末転倒だ。①日数は六十四日間、②食料は一日当たり三五〇〇キロカロリーと決めたので、総計約二二万キロカロリー、重さにして五〇キログラムを超える食料を準備した。食料を除いた登山装備が三〇キログラム近くあるので、一度に持てる食料は最大で一五キログラムほどとなる。

これらを勘案して、宗谷岬の出発時は十七日分を背負い、第一デポ地点をピヤシリ山避難小屋（約二一〇キロ地点、九日分）、第二を天塩《てしお》岳避難小屋（約三一四キロ地点、十日分）、第三をヒサゴ沼避難小屋（約四二四キロ地点、八日分）、第四を佐幌《さほろ》山荘（約四八一キロ地点、二十日分）と決める。一箇所当たりのデポの重量は八〜一五キロ程度だ。本当は佐幌山荘以降、日高山脈の区間の二〇〇キロ近い行程の間にもう一カ所デポを置けると理想的だったのだが、日高はその原始性ゆえ、稜線上に一切小屋がない。紛失などのリスクの高いデポは設置しないこととした。

このように書き連ねると、さも緻密な計画通りに事が運んだかのように錯覚するかもしれない。確かに計画は結果的にこれらの判断が功を奏したと思っている。

だがその裏には、ちょうど一年前の、大失敗ともいえる撤退が大きく関わっていた。

六　用品サポートと、テレビ番組

話は二〇二〇年夏に戻る。

コロナ禍で二冊の本を読み返し、「積雪期単独北海道分水嶺縦断計画」と称し、そこから具体的な準備を始めた。必要な装備をリストにしていく前から、二カ月に及ぶ超長期縦走の計画ではいかに体の濡れを解消するかが服装選びで一番大事な要素であることには早い段階で気づいていた。そのころ使っていた装備は、学生のころから長年愛用していると言えば聞こえはよいが、お世辞にも高性能を維持できているとは言えなかった。この計画にぴったりな装備は何であるかを自分なりに調べ、ファイントラックの製品が使いたいと結論付けた。濡れに強い化学繊維を扱っていて、複数のウェアのレイヤリングで体の濡れを解消するのが特徴のメーカーだ。とはいえ一式を買い替えるような金銭的な余裕はない。ちょうど前年に、北大ワンゲル時代の先輩のYさんがファイントラックに転職したことを知っていた。さらに幸運なことに、Yさんから

「この夏休みに北海道へ遊びに行くから一緒に泊まりで沢登りに行かないか」

と誘いの連絡が入った。こんなチャンスはないと思った。自分でも図々しいなと思いながら、いかにこの製品が必要であるかを盛り込んだ計画書を書き上げた。そして、沢登りからの帰りの車内でその計画書をYさんに恐る恐る差し出した。

「こんな計画を考えているのですが何とかならないでしょうか」

先輩はひと目見るなり

「この計画、激アツやな！　帰ったら社長に直談判してみるわ！」

と言ってくれた。しばらくすると、ファイントラックの金山洋太郎社長からも太鼓判をいただき、幸いなことに、まだ何の実績もない若造のお願いを快く引き受けてくださることが決まった。

おかげさまで「このリストで十分なのだろうか」という不安を除けば、準備は順調に進んだ。その他に、アルファ化米を「尾西食品」に、スマートフォン「TORQUE」の交換バッテリーを「京セラ株式会社」に、ギアの大半を北海道のアウトドアショップ「秀岳荘」に支援していただけることが決まった。特に学生のころからお世話になっている「秀岳荘」の小野浩二社長には直接の激励をいただき、身の引き締まる思いだった。

そうして出発も近くなって、今度は番組になるかもしれないという話が持ち上がった。

きっかけはお世話になっている先輩登山ガイドだった。二〇二一年冬、最終的に撤退することとなった一度目の挑戦に出発する少し前に、こんなやり取りがあった。

野村「私事ですが、三月末から最長でGW明けまで、北海道分水嶺縦断（襟裳岬から宗谷岬）を計画しています。（中略）……その間二カ月ほど、夏シーズンのスケジュール調整の連絡が滞るかもしれません。お手数をお掛けしますが、把握のほどよろしくお願いします…」

先輩「ごめん、意味がわからない。襟裳岬から宗谷岬まで全部歩くの？　日高や大雪山は縦走したからその間と続きをやるのかな？」

野村「いえ、五十日かけてノンサポートで分水嶺を全部歩こうとしています」

先輩「壮大なチャレンジだけど、デポは？　後援やメディアへのアピールは？」

野村「デポは事前に自力で置きに行きます。いくつかの企業に装備面でサポートいただきますが、メディアには特にしていません」

先輩「北海道分水嶺縦断の計画を知り合いのディレクターに伝えたところ、一人のディレクターから若者の壮大な計画に興味深いと返信があり……」

こうして紹介していただいたのがＮＨＫ札幌放送局の田辺陽一ディレクターだった。田辺さんとやり取りするうちに、番組になるかはわからないが密着させてほしい、という言葉をいただいた。その後、デポの準備や、下界での様子を何回かに分けて撮影していただいた。

最大の問題はここからだ。北海道の厳しい雪山を二カ月かけて縦走する計画。カメラマンが同行するのは難しい。山中の映像は僕自身が見よう見まねで自撮りするほかなかった。田辺さんは「余裕のある時だけカメラを回してくれればそれでいい」と言ってくださるが、（それじゃほとんど撮れないと思うんだけど……）と思わざるを得なかった。

撮影は主にGoProで行ない、一部をスマートフォンで補う形式をとった。今回のルートには除雪された道路が横切っている箇所がいくつかある。そのうちの四カ所（西《にし》尾《お》峠、天北《てんぽく》峠、石北《せきほく》峠、狩勝《かりかち》峠）で撮影班に待ち構えていてもらって、バッテリー交換とここまでのデータのバックアップを行なう。各地点までの約二〜三週間程度のバッテリーは防水バッグに入れて担いで歩く。

GoPro本体（約一五〇グラム）やバッテリー（約五〇グラム×六〜十個。交換地点ごとに異なる）は文字通り重荷だが、すべて自分で撮影しなければならないのは想像以上の重労働だ。

だが、それだけの価値があるのではないかと直感していた。なによりも、こんなチャンスはそう簡単には訪れないに違いない。映像を残す、といったことはこれまでほとんどしてこなかったが、これを機会に少しは技術や知識が身につくのではないかという期待もあった。

懸念があるとすれば、自分の登山の純粋性が薄まってしまうのではないか、ということだった。これはあくまでも僕の計画だ。自分が納得するようにやりたいし、もし仮に僕のモチベーションが無くなればそこで勝手に終わりたい。

だから僕は自分の中で二つの条件を考えていた。
・計画へは誰も口出しせず同行もしないこと
・出来高に応じた報酬等はいっさい受け取らないこと
話し合いの末、両方ともあっさりと受け入れてもらえた。確かにどちらにもデメリットがないのでそうなるだろう。

金銭のやりとりをしたくなかったのには明確な理由があった。

目も開けていられないような猛吹雪に見舞われたときや、思いがけないアクシデントに遭遇したとき、生死を分けるかもしれない極限の判断を迫られた状況で報酬を意識してしまう状況だけはどうしても避けたかった。この厳しい状況で前進すれば番組として放送されて金が入り、撤退すればお蔵入り。そういった邪念が入ってしまうと純粋な登山からは遠ざかってしまう。登山以外において全く責任を背負う必要がない状況を確保しておきたかった。

それさえクリアできれば、撮影についてもやれるだけのことはやってみたい、むしろまたとない機会ではないかと前向きにとらえることができた。

七　一度目の分水嶺

二〇二一年三月二十五日、僕の自信がはったりであることを見透かしたように、襟裳岬の周辺はどんよりと真っ白なガスに包まれていた。

この計画だと決めてから半年かけて準備を進め、根拠のない自信と、特大の不安を抱えたまま、一度目の挑戦に襟裳岬から出発した。デポ地点は佐幌山荘とピヤシリ山避難小屋の二カ所。ゴールデンウイーク明けまでの五十日間の計画だ。そう、前述した計画とはまったく異なるものだった。出発は一カ月遅く、南下ではなく北上。日数は机上の空論通りの五十日、デポは四カ所ではなく二カ所。いま思えば、無謀な計画だった。

もちろん、自分なりに検討した結果の計画ではあった。このときに一番重要視していたのは、二年前（二〇一九年三月）の日高全山縦走での厳しい経験から、縦断の終盤に技術的最難関の日高山脈を残したくないということだった。宗谷岬から南下すれば、一カ月以上縦走し、疲弊しきった状態で日高山脈に突入することは避けられない。それを回避したければ襟裳岬から北上するしかないのだ。北上と決まれば、気象条件が安定する四月に日高山脈を歩き、できるだけその先への余力を残したい。少なくとも三月になってから出発しなくては、一月二月では日高山脈だけで力尽きてしまう。デポは極力数を少なくした方がカッコいいと安易に考えた結果、二カ所であればなんとか行けるのではないかと思っていた。

当時の僕の計画の立て方の軸になっていたのは、合理性よりも理想を詰め込むような考え方だった。それは〝ロマン〟と言い換えてもいいかもしれない。事実、襟裳岬から出発し宗谷岬を目指した志水氏は著書の中で

「北上の方が北方ロマンティシズムのようなものを駆り立てられる」

と綴っている。

北上の方がロマンを感じる。日数やデポの数は少なければ少ない方が理想的だ。そんな思考が大半を占めていた。そして唯一、根拠を持ち合わせた「日高を四月に越えたい」という条件が加わったとき、最初の計画が浮かび上がったのである。

2021年3月25日。襟裳岬からの出発

しかし、そんな邪な気持ちを山の神様は見逃すわけがなかった。ロマンを詰め込んだ計画では現実味が薄く、論理性に欠けていたようで、徐々に綻びを見せ始めた。まず、序盤から思っていたペースで進めない。

襟裳岬から日高山脈を北上すると、日射を受けた南面の緩んだ斜面を登り、日陰となる北面のカリカリに締まった斜面を下るのが基本となる。登りは崩れやすい雪に足を取られ、思うように登れない。下りは滑り台のように凍った斜面が標高差にして数百メートル続いており、滑落のリスクが高いので一歩一歩慎重に行く以外に方法がない。このアップダウンが延々と続くのである。北上ではこれがいかに非効率的かということをこのとき初めて思い知らされた。アイゼンを利かせて凍った北面を駆け上がり、重力を味方につけて雪が緩んだ南面を下る。これが出来れば三〜四月の日高山脈（厳冬期だと常にラッセルとなるのであまり関係ない）では一番効率が良さそうであることは明らかだった。前述したこの欠点に気づいたのはまさにこのときであった。

それに並行して、新調したばかりの履き慣れていない登山靴が靴擦れを引き起こし、ペースは加速度的に遅れていった。思い通りに進んでいないことで、次第にストレスと焦りが募っていった。

とどめの出来事は九日目の夜に起きた。

予想以上の暴風雨に見舞われ、テントのレインフライがひっきりなしに大きくたなびいた。段々と雨風が強くなってきたが、それでも明るいうちはなんとか耐えていた。日没を過ぎたころ、ますます風が強まり、とうとう突風に耐えきれず一本のテントポールが折れた。正確には暗闇の中でその場に似つかわしくない金属音が響いただけで、もうそのころにはポールが折れたのかどうかを確認する余裕はなくなっていた。風で飛ばされそうになるテントを全身で必死に押さえつけるだけで精一杯だった。金属音が聞こえた直後から、バランスを失ったテントの隙間から風雨が吹き込み、瞬く間に全身がずぶ濡れとなった。風でひしゃげたテントごと雪の斜面に押し付けられ、低体温症一歩手前の眠れぬ一夜を過ごした。雨は未明にはあられに変わっていた。

原因は、切り立った稜線近くにかろうじてテントを張ったにも関わらず、張り綱の固定が緩く、天候悪化を甘く見ていたことだった。そしてもっと根本的な原因は、行程が遅れている苛立ちと焦りや疲れから、テント場の標高を十分に下げなかったことだ。十分に標高を落とせば問題なくやり過ごせる悪天候だったが、それでは翌日同じ斜面を登り返さなければならない。少しでもここまでの遅れを取り戻そう、と稜線近くにテント場を設営してしまったのが大きな間違いだった。ひとたび余裕がなくなると、行程や気持ちにゆとりがあればしないような判断ミスを、いとも簡単に起こしてしまうのだと身をもって痛感した。高い授業料だ。今後に生かさねばならない。

恐怖の夜を越えて、悪天候が収まり外に出ると、潰されたテントは見るも無残な形で雪に埋まっていて、雪の斜面に差していたショベルは見えない谷底まで流されたらしかった。テントに戻って暖を取り食事を摂ると落ち着きを取り戻した。いくつかの食料や燃料を浪費してしまったが、まだ即刻諦めなければならないほど枯渇したわけではない。なんといってもまだ十日分以上の食料がテント内の一角を埋めている。縦断を継続する選択肢もあるにはあった。だがこの計画では宗谷岬まではたどり着けるとは到底思えない。それに、計画の詰めが甘かったせいで日程に余裕がなくなり、結果的には初歩的な判断ミスを招いてしまった。このまま進んでも意味がない。決断は早かった。日高山脈南部の名峰、神威岳（一六〇〇メートル）を最後に、稜線を降りエスケープする。二〇二一年四月六日、出発からわずか十二日目での撤退だった。

麓にある無人の避難小屋・神威山荘での一夜は、惨めな気持ちを薪ストーブの温もりでごまかし、雪辱の灯を絶やさぬよう必死に計画を練り直す時間だった。

神威山荘で書いたメモが残っている。

「あまりにも早すぎる終わり。こんなにも惨めで虚しく情けない下山は初めて。全ては僕の実力不足で、今回の計画で自分に足りないものがたくさん見つかった。この気持ちを忘れないようにする。来年か再来年には必ずもう一度。最低でも二十代の目標」

たどり着いた結論は、自然相手の登山において、自分本位の計画ではダメだという当たり前のことだった。いかにエゴを捨て、自然の懐に入り込んで仲良くしてもらうか。自分とは比にならない、自然という大きな存在に受け入れてもらうにはそれしかない。

神威山荘で書いたメモの続きにはすでに計画の変更点が記されていた。

「五十日間ではたどり着けない。心の余裕も含めてあと二週間は必要だ。北上だって実に効率が悪い。ロマンだなんだと言っている場合ではない。雪質のことを考えれば、日高を最後に歩かねばならないのはやむを得ない。南下だ、宗谷岬から出発だ。それなら二月中には出発しなきゃダメだな。そういえば日数も増えるのだから食料も燃料もデポも増やさなければ……」

こうしてようやく計画が計画として出来上がった。

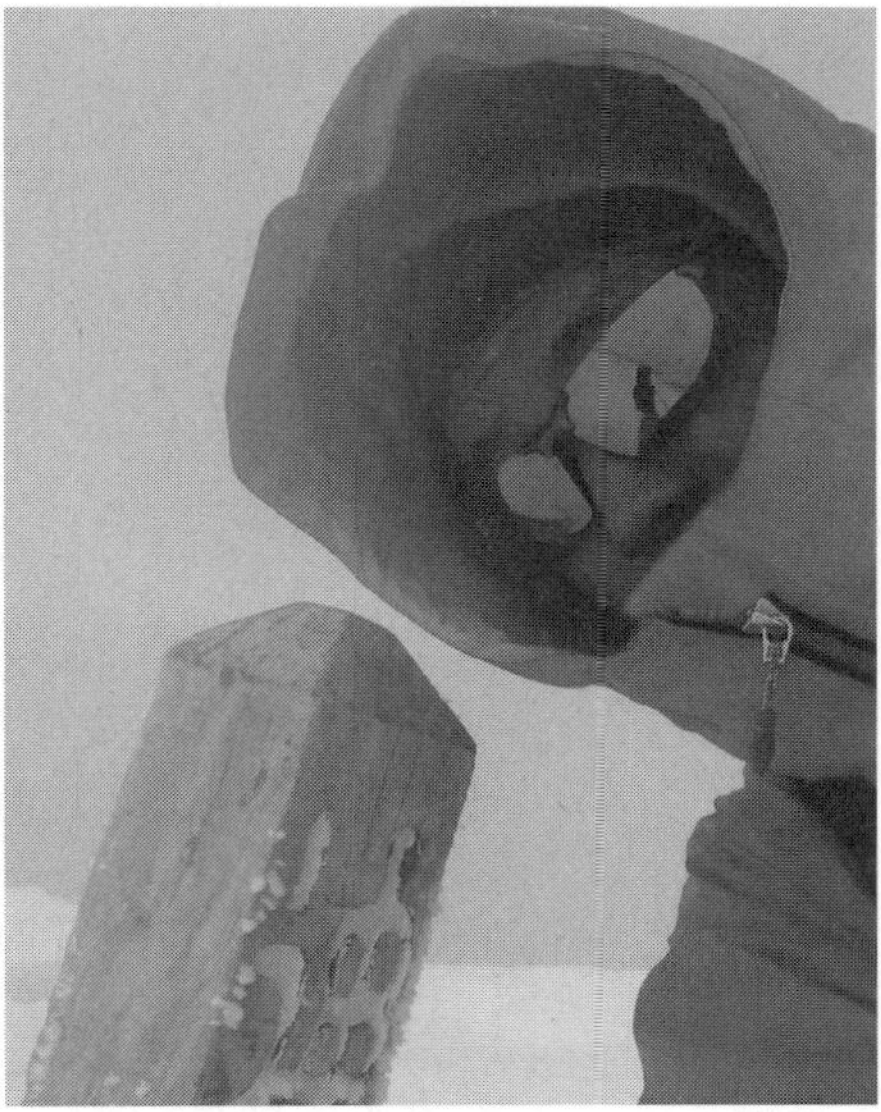

縦断完遂を断念し、最後のピークとなった神威岳にて

■食料一覧
アルファ化米：一九二袋（六十四日×三）
ペミカン：約二キロ
マヨネーズ：二二五〇グラム　高野豆腐：七八〇グラム　乾燥野菜：一五〇グラム　フルーツグラノーラ：五八〇〇グラム　素焼きミックスナッツ：一八〇〇グラム　アルフォート：四二八八グラム　柿ピーナッツ：一八五〇グラム　ハニーローストピーナッツ：一八〇〇グラム　板チョコ：三二〇〇グラム　砂糖：三〇〇〇グラム　フリーズドライスープ：一五〇袋
総計：約二二万キロカロリー　総重量：約五〇キログラム
ガス缶大：九・五缶　単四電池：二四本（ヘッドランプ・ラジオ用）

■装備一覧
ザック一〇〇リットル　兼用靴　スキー板　スキーシール　冬期用登山靴（佐幌山荘から）　スノーシュー（佐幌山荘から）　ストック　スノーショベル　（ビーコン・プロー

ブは二〇二一年のみ）　スノーソー　アイゼン　ピッケル　シーアイゼン　テント（レインフライ・スノーフライ・内張含む）　サングラス　帽子（予備一）　バラクラバ（予備一）　インナー手袋（予備一）　オーバー手袋（予備一）　防寒テムレス　ドライレイヤー上下　インナーレイヤー上下　中間着　ソフトシェル　ハードシェル　靴下（計五）　シュラフ　インナー（夏）シュラフ　シュラフカバー　テントマット　銀マット　テントシューズ　スタッフバッグいくつか　地図とボールペン　コンパス（予備二）　ライター（予備二）　ジェットボイル　ガスヘッド　チタン先割れスプーン　テルモス七五〇ミリリットル　プラティパス八〇〇ミリリットル　ヘッドランプ（予備一）　ラジオ　ココヘリ　スマートフォン　モバイルバッテリー（非常時用）　腕時計　GoPro　カラビナ一　環付きカラビナ二　テープスリング二　細引き一〇メートル　テーピングトイレットペーパー　ジップロック　リップクリーム　日焼け止め　修理具（ナイフ・針金・ペンチ・ダクトテープ・スキーバンド・リペアシート・針・糸等）　その他（エマージェンシーシート・医療具・身分証コピー等）　やる気たくさん

■通過する主な山

宗谷岬・丸山《まる》・モイマ山・エタンパック山・幌尻《ぽろしり》山・イソサンヌプリ・知駒《しりこま》岳・パンケ

山・ペンケ山・函《はこ》岳・黒岩《くろいわ》山・シアッシリ山・ピヤシリ山・毛鐘尻《けがねしり》山・札滑《さっこつ》岳・ウェンシリ岳・柵留《さっくる》山・渚滑《しょこつ》岳・天塩岳・チトカニウシ山・天狗《てんぐ》岳・平《ひら》山・武利《むりい》岳・武華《むか》山・(三国《みくに》山)・ユニ石狩岳・音更《おとふけ》山・石狩岳・五色《ごしき》岳・化雲《かうん》岳・トムラウシ山・ツリガネ山・コスマヌプリ・オプタテシケ山・美瑛岳・十勝岳・上ホロカメットク山・境《さかい》山・下ホロカメットク山・椎空知《しいそらち》山・佐幌岳・オダッシュ山・ペケレベツ岳・芽室《めむろ》岳・１９６７峰・北トッタベツ岳・トッタベツ岳・カムイ岳・エサオマントッタベツ岳・カムイエクウチカウシ山・ピラミッドピーク・１８２３峰・コイカクシュサツナイ岳・ヤオロマップ岳・ルベツネ山・ペテガリ岳・中《なか》ノ岳・神威岳・ソエマツ岳・ピリカヌプリ・トヨニ岳・野塚《のづか》岳・十勝岳・楽古《らっこ》岳・(広尾《ひろお》岳)・(豊似《とよに》岳)・襟裳岬

第二部
北海道分水嶺縦断

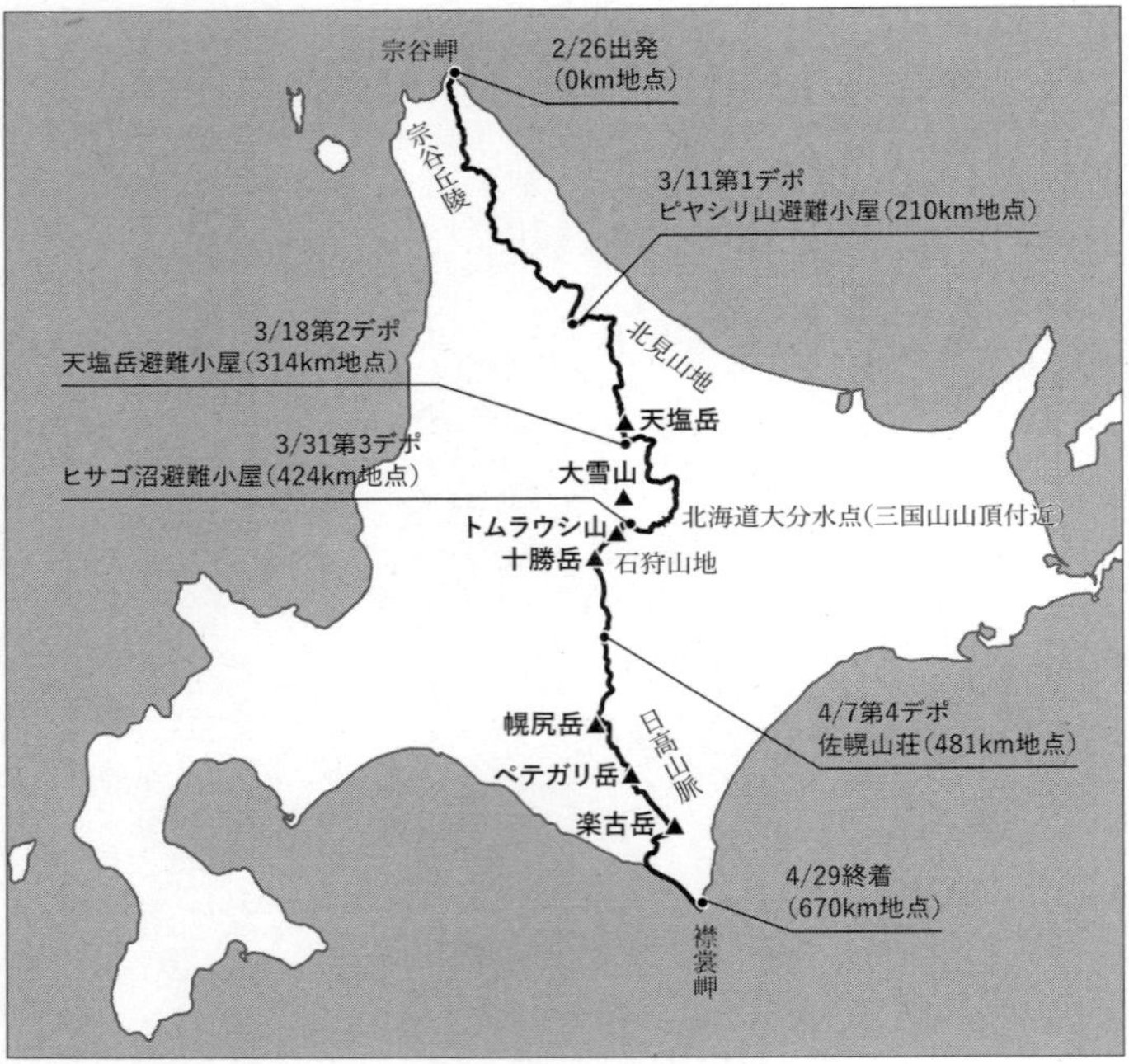

北海道分水嶺の全ルート

前年の撤退から約一年後。二〇二二年二月二十六日。

出発の朝は一年前と違ってすっきりと晴れ渡っていた。日本最北端、宗谷岬の先端からはオホーツク海の彼方にサハリンの陸地がうっすらと顔をのぞかせていた。

出発する前から一つ決めていたことがあった。それは毎日日記を書くということである。それには目的があった。もし仮に六十何日間の登山を完結できたとして、二カ月前のことを忘れてしまうのではないかという不安を少しでも解決するためだった。それでなくとも物覚えの悪い人間である。少しでも鮮明なうちに自分が見たものや感じたことを書き残しておこうと思ってのことだった。それまで日常的に日記を書くという習慣は全くなかった。学生のころは何度か手帳を買ってみたが、ものの見事に三日坊主だった。だが、今回は残しておかなければ後悔するに違いないという確信に近い直感があった。

五万分の一地形図の裏に日記を書いた。覚え書きなので最初はあっさりしたものだった。だが話し相手がいないこともあって、頭に浮かぶことをそのまま書き連ねるうちに次第に文字数が増えていった。停滞日の暇つぶしに、あるいは空腹をごまかすために。

備忘録として以上の役割は期待していなかった。それ以上の価値を見いだせるとすれば偶然の産物である。

一　宗谷岬を出発する

2／26
快晴　風強い　7：30〜15：00

宗谷岬からいよいよ始まる。優子とDさん、Mくん、NHKスタッフの皆さんの見送りが嬉しい。出発前はいつもソワソワとして寝不足だ。最初は歩きやすく快調に進む。だが、40kgは重い。計算では800g／1日ずつ軽くなっていく。しばらく歩いた先で20人くらいのグループに出会う。中には子供の姿も見える。襟裳岬まで目指しているのだ、と話すと

「じゃあだいたいあっちだね！」

と南の方を指さしてくれた。こういう会話がありがたい。

さらに進んで林の中にCamp1を立てる。荷物が重く、お尻が早くも筋肉痛だ。明日は早く起きよう。それにしても今朝、遠くに見えた真っ白な利尻山《りしり》はかっこよかった。僕にもあんな風格がほしい。

2／27
晴れ　風強い　5：30〜15：00

そういえば昨日は父親の還暦の誕生日だったらしい。おめでとうの一言くらいメッセージを送ればよかった。二日目だ。荷が重い。風が強い。愚痴ばかりこぼれる。雪はかなり締まっていて歩きやすい。朝日も美しい。

テント場からはエタンパック山が見えた。明日には幌尻《ぽろしり》山を越えられるだろうか。出来れば強風は勘弁してもらいたい。そういえば重荷をずっと支え続けている腰骨の辺りがすでにボコッと腫れている。全くもう……。

2／28
晴れ　風強い　6：30〜17：20

あられのような雪がテントにぶつかる音がする。稜線上は風の音だ。3：30に起きるが5時まで二度寝する。起きるとすっきりと晴れている。あわてて出発する。音のとおり風が強い。

遠くに幌尻山が見えた。雪煙が大きく舞っている。この先は吹きっさらしとなるので死闘の予感がする。案の定、雪面がカリカリに凍っているうえに風が強いので、スキー

快晴の青空の下、宗谷岬を出発する

では何度も転ぶ。起き上がる度にザックがあまりに重く全身が攣りそうだ。こういうときは毎度のことながら、どうしてこんなに辛いことを一人でしているのだろう、と思う。

標高300mより下ると風はやはり収まる。天候悪化ではなく稜線上だけ風が強かったようだ。その後は永遠のように感じられる尾根を道路まで進む。また道路だ。序盤は何度か車道が横断している。山に籠りたいはずなのだけれど、人工物を目にするとなんだか安心してしまう。

地図上の水線を辿って飲用水を確保する。雪を解かす分のガス缶も節約になったが、なにより冷たくてうまい。幸せだ。山って良い。今日は厳しい行動だったのだけれど、もう忘れてしまっている。いつもこんな感じだ。つくづく単純な性格をしている。

3／1
曇り時々雪　6：30～14：30

昨夜はまた雪が降っている音がしたが、それほど積もらなかったようだ。朝、また水をガブっと飲んで出発する。このさき地図上では分水嶺が大きく蛇行しているが、その脇に延びている作業用の林道を使えばショートカットになりそうだ。昨晩一晩かけて、分水嶺を忠実に辿るべきかと悩んだが、ここはショートカットでスマートに行こう。展望もない、分水嶺の実感もわかない稜線歩きであればショートカットしてもバチは当たらないだろう。何より楽しくない。結局は自分の本能に従うことにして、イソサンヌプリへの最短路を目指す。最初は予定ルートから少し逸れるという変更をしたことに若干の抵抗を感じていたが、そのうちに「思うようにいけばよい」と思うようになった。考えれば考えるほどに自分勝手な計画なのだ。ルールもルートも自分で決める。自分が納得すればそれでよい。このルート変更を後悔することはない。

そういえば今日は林道ばかりだった。奥深い山々に浸るはずが、文明の力に頼ってばかりだ。強く、我が道を切り拓くようになるにはどうすればなれるのか。なりたい。強く。身体も、心も。

3／2

曇り時々雪　冬型緩み　風強い　昨日一昨日よりはまし

荷が軽くなってきたような気がして軽快に進む。雪が硬く、転びながら進む。スキーが上手くなりたい。ザックが軽くなったような気がしていたが、転ぶと全身に力を込めないと立ち上がれない。重荷が苦しく、イソサンヌプリは息絶え絶えの山頂となった。一昨日越えてきた幌尻山が見える。雪で山頂が白く、稜線はこちら側に切れ落ちている。この先には電波塔らしきものが乱立している知駒《しりこま》山が見え、その奥にはパンケ山、ペンケ山らしき白い峰が見える。

ラジオの気象通報によると3／5～7は道内全域で春の嵐になるようだから、3／4までにペンケ山を越えたい。ストックで体重を支え過ぎて手首が痛い。腱鞘炎のようになってしまった。これは予想外だ。

晩ご飯と板チョコを食べ終えるとそのまま寝落ちしてしまった。気づいたら朝になっている（この日記は3／3の午後にまとめて書いている）。こんなところで生活リズムが乱れてはダメだろう。

3／3

雪のち曇り時々晴れ　風はほとんどない　F持ちLの通過って言ってたのに…

前線持ちの低気圧が近づいてきているという予報を得て、これまでかなりハイペースで来ていたこと、明日の方が天候が良さそうなことから今日はパンケ山手前までと決める。4時に起きるとやはり雪が降っていて視界もない。安心して二度寝する。6時に起きると雪は止み、晴れ間も見える。7：30にのんびりと出発する。

昼ごろになると、ガスっていたパンケ山もお隣の敏音知《ぴんねしり》岳も見えてくる。風もなく、今日パンケ山に行けたのでは…との思いがよぎる。だが、旅にはこんな日が必要だ。幌尻山に登った日（2／28）のような行動が連続していては体が潰れてしまう。本当は毎日こんなゆったりプランの方が好きだ。だとしても甘えてばかりもいられない。明日どうなるか分からないが、できればパンケ山とペンケ山を越えたい。明後日からは悪天候でしばらく稜線には出られないだろう。…。待てよ…。明日頑張れば2日間くらいはテントで停滞か。停滞するのが大好きなのだけど、大荒れはしないでほしいなぁ…。

3／4

晴れのち雪　冬型緩み　6：00〜15：30

寒い。シュラフから出るのが億劫で朝の支度が遅れる。テントが凍りつき、厚いグローブでバリバリとはがしながらの作業は骨が折れる。腕をブンブンと振り回して血流を流し、指先を温めながらの作業は大変だ。憂鬱なはずなのになぜか気分が良い。快晴なのだ。無風なのだ。心躍らないわけがない。

敏音知岳から陽が昇り、まばゆいオレンジ色がパンケ東壁を染める。何だかパンケ山が昨日より厳かな山に見える。昨夕とは違う山のようだ。

現実に話を戻すと、進む先には作業道が山頂に向かって続いていて、西側へ回り込むところまで利用する。道といえど樹林がなくて視界が抜けているだけで、雪が深いので特段歩きやすいわけではない。昨夜10㎝ほど積もったようだが、朝の今はまだ軽い。西側から稜線に上がるのには苦労する。スキー用のアイゼンで必死に急斜面に食らいつき、滑落の恐怖を乗り越える。普通アイゼンだろうなと思った。稜線に出てからも急で、雪庇がたっぷり張り出した尾根登りを強いられる。脳内でアドレナリンが出ているのを感じる。8：30パンケ山山頂。美しい。これまでの道のりが見える。利尻山がくっきりと見えた。そしてこの先のペンケや函《はこ》岳らしき大きな山も見えている。だがのんびりする時間はない。気分よく先を急ぐ。山頂のさきは雪質が良く、スキーで快適に下ることができる。ずっと進んでペンケ山へ取り付く。段々と雲が湧き、風が冷たい。この稜線も一筋縄ではいかせてくれない。ここで落ちたら笑いものだな、なんて思いながらスキー用のアイゼンで攻める。やっとの思いで辿り着いた山頂からは利尻山はもう見えなかった。

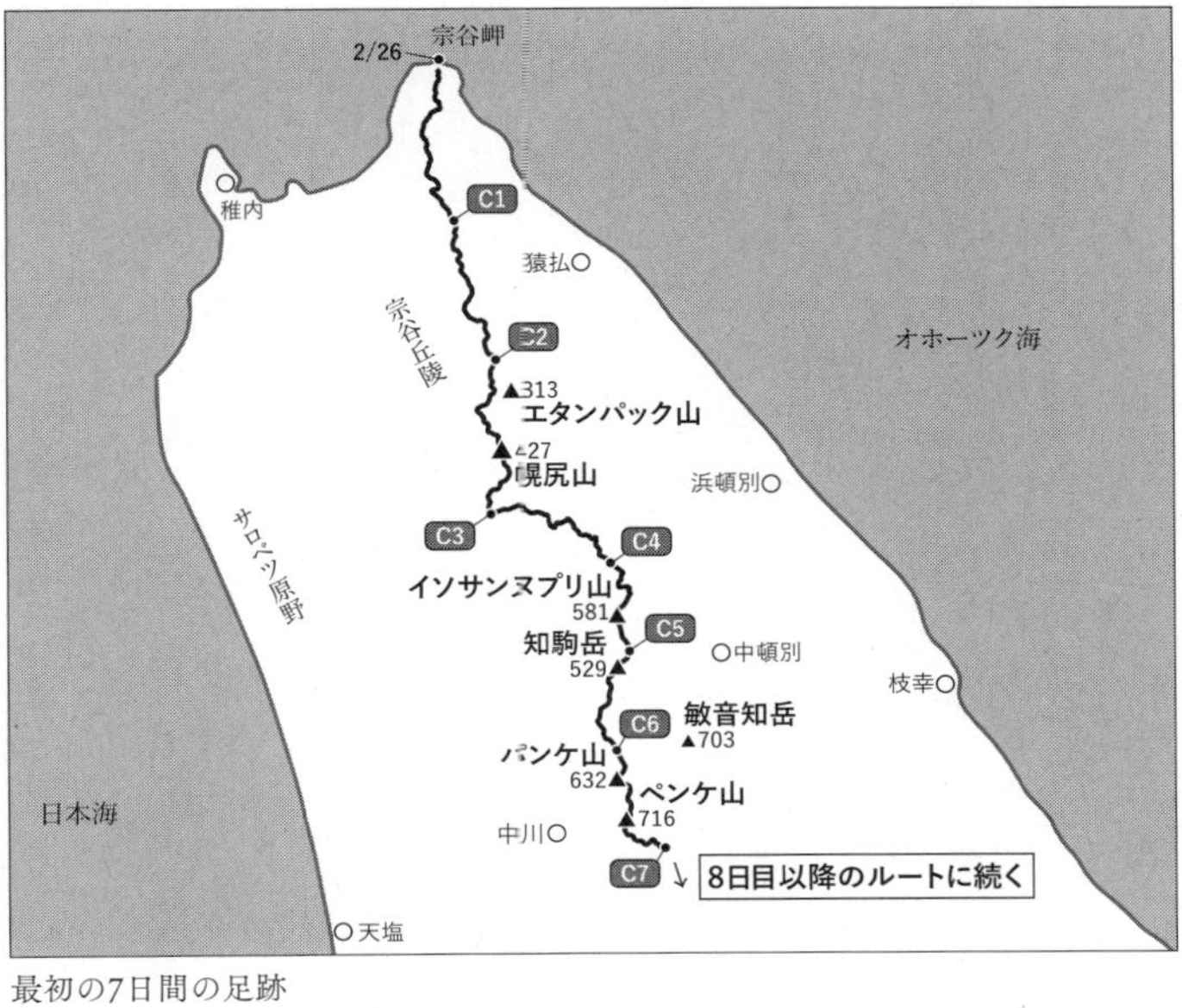

最初の7日間の足跡

明日から荒れる。早く麓へ降りなければならない。すでに吹雪いてきているのだ。この先はまた蛇行する稜線は進まず、音威子府川《おといねっぷ》へ向かって大きく下ろす判断をする。合理的なはずだが、まだ判然としない。だが、こちらに気が向いたならそれで良い。

作業道が続いていて、川沿いに出ると開いた沢から流水がのぞく。やはり冷たくて美味い。たぶん僕はこれを求めて降りたのだろう。

充実の疲労感と、先への不安と。

明日はどれくらい荒れるのだろうか…。今日は幸せな一日だった。

3／5

曇り　微風　大型の低気圧の接近　10：00～14：00

悪天を覚悟していたが、結局終日雪は降らなかった。3／8までは函岳は乗越せないだろうという読みで、地図を眺めプランを練る。3／7であれば先へ進めそうなので函岳手前まではこの日に移動することに決めると、今日はのんびり行動で良さそうなことが分かる。ウキウキで二度寝する。

だが、肝心の天気が悪くならない。雪はおろか風もなくどんよりとした曇天が広がっている。これは今日移動しておくべきだったか…、と後悔するがもう遅い。身体を休められたことに感謝して、あくまで焦らず着実に進もう。今日も水が汲める快適なテント場だ。この幸せになれてしまうとマズいなぁと思う。ＮＨＫディレクターの田辺さんから田中陽希さん、工藤英一さんと連絡を取ってくださったことを伺う。見知った方々が僕の旅の様子を気にかけてくださっていることが素直に嬉しい。

暇な時間はずっとラジオでＮＨＫ第一旭川を聞いている。ロシアのウクライナ侵攻の話題ばかりだ。ロシアの考えが分からない。事情を詳しく知らないから、ということではなく分からない。幸せって何なのだろう。ロシアにとってはこれが幸せに向かっているのだろうか。思えば僕は争いが嫌いだった。受験戦争もそうだった。小中高と続けてきた野球のレギュラー争いも、自分が試合に出ると代わりに誰かが出られないんだよな、と思うと少しだけ心が痛んだ。その点、山はなんて平和なのだろう。誰にも何にも邪魔されず、雪のあるところを思うままに縦横無尽に駆け回る。そんな山が僕には性に合っている。

幸せってたぶん、飲み食いに困らず、乾いた服を着て、風雪を凌ぐ家があることだ。やっぱり今日も幸せだ。

3／6

午前曇り　午後雪　風あり　積雪は20～30㎝？　停滞

ＪＲは特急が複数本、終日運休になったようだ。ラジオでは宗谷で最大積雪40㎝と話しているが、ここは宗谷というよりオホーツク寄りなのだろうか。まだあまり悪化する気配がない。昨晩の予報では昼過ぎくらいまで雪が降らない予報だったため、午前中だけ動こうかと考えたが、４時に起きてもう一度確認すると10時に降る予報に変わっていた。低気圧性の湿雪に降られてびしょ濡れにはなりたくないので、今日は大人しくテントで停滞とする。二度寝の時間だ。

結局午前中は降らなかったが、12時くらいから降り始める。標高が低いからか、風は少しでしんしんと降り積もってゆく。

動かなくて良かった。ぬくぬくと温かいテン場を満喫する。夕方、今日１日何もしていないなと思いながら、唯一の仕事、水汲みへ出かける。雪が降る前に行っておけば良かった。そうこうしているうちに順調に積もってきた。除雪しないと降り積もった雪でテント内の頭のスペースが無い。

明日で10日目か。あっという間な気もするが、身体は着実に疲れてきている。これまでそれなりに調子良く飛ばしてきたが、だからと言って距離的な貯金は大して無い。あまり先を急いでばかりでは楽しくないのだが、やっぱり日程がタイトすぎたのかもしれない。この深い雪ではラッセルが酷くてしばらく楽しむ余裕もないかもしれない。暖かさだって問題だ。雪がベタベタに腐っては進むペースが半減する。あれ、何だか今日はマイナス思考だなぁ…。

3／7

曇り時々晴れ　弱風冷たい　6：20～14：00

冬型が決まり、キリっと冷え込んでいる。テントの撤収で手がかじかみ感覚が無い。やはりラッセルが深い。歩き始めるとあっという間に体温が上がり、手に熱が巡る。だがぽかぽかの幸せは一瞬だ。単独行の最大のデメリットの一つがラッセルだろうと思う（本当の最大はリスク管理かもしれない）。こういう時ほど仲間が欲しくなることは無い。今日はどうやら卑屈な気持ちで過ごすことになりそうだ。停滞を挟んでかなり荷物も軽くなってきているはずだが、そんな感覚には一向になれない。

今日で10日目。これまでの計画だったらそろそろ下山の目途が立ってくる頃だ。少なくとも行程の半分以上は歩き切っているのだから（これまでの長期山行は16泊17日が最長だった）。だが今回はまだ1／6だ。この差はあまりにも大きい。精神的にキツい。

思うように進められれば気も紛れるが、このラッセルではそれすらも叶わない。

段々と気温が上がり、咲来峠《さっくる》に着いた頃にはスキーのシールが濡れてしまいひどい下駄になってしまった。ラッセルと下駄のダブルパンチを食らって諦めて、パンケサックル川に逃げ込む。今日も水が汲めた。ここにテントを張ろう。夕日が暖かい。何だか春みたいだな。あれ、ちょっと幸せだ。

3/8

高曇り　雪　吹雪↓晴れ↓吹雪　5：30〜15：00

晴れを期待していたが雪が舞っている。あれれ。今日の取り付きはかなりの急斜面だ。滑落したら100mくらい止まらなさそうだなぁ、と思いながら出来るだけ下を見ないように登る。斜面を登り切ると稜線が平らになって気持ちも少し平穏になる。風が弱く、これなら晴れなくても快適だなと思っていると、進めば進むほど次第に吹雪になってきた。気温は高めなようでそれほど寒くはないが、何だかつらい。

とうとうホワイトアウトで先が見えなくなった。立ち止まり、地図でこの先に危険な場所はなさそうだと確認して、一路直進する。高度計を見る限りおそらく登っているが平衡感覚が狂いそうだ、と思い始めた頃に人工物が見えた。函岳山頂のアンテナだ。山頂脇のヒュッテは雪に埋もれて思いのほか小さかった。山頂を越えて南斜面を下ると晴れてくる。もう少し早ければと思っていると、すぐにまた吹雪となる。風が強くなってきた。下り切った先の林の中で11泊目のテントを張る。ピヤシリまであと3日で着くだろうか。あーあ、最初のころは全く美味しいと感じていなかったのに、段々とマヨネーズが旨くなってきた。

3／9

快晴　風は冷ため　6：15〜14：15

気が付いたら4：30だった。慌てて準備をして出発する。放射冷却で冷え切っている。指先の感覚が戻るまで出発から1時間くらいかかった。低い標高を歩くにはもったいないくらいの好天だ。昨日はせわしなく越えてしまった函岳がくっきり見える。白くでっぷりと鎮座している。僕の道北のイメージにぴったりだ。

午前は快適に進んでいたが、10〜11時くらいから雪が腐る。スキー板の裏にべっとり張り付いて不快この上ない。足に重りが付いた感じで嫌気が差す。だが今日は西尾峠で田辺さんがスタンバイしているから止まりたくない。何とかかんとか峠へ着くとカメラの目の前ドンピシャだった。久しぶりの人との会話に思わず頬が緩む。やっぱり僕はずっと一人は無理なんだろうな、と思う。だがそんなことに気づかせてくれるこの旅もやはり必要だ。それにしても少し饒舌になりすぎたかもしれない。

1日晴れていた今日確信したことは、道北は地図読みが核心だ、ということだ。視界が利いても現在地の把握が本当に難しい。大雪山系のだだっ広い難しさとは違い、小さい尾根、沢が複雑に入り組んでいる。それともう一つ、晴れの日は午前勝負だ。午後は雪が緩んで歩きづらいので装備乾かしタイムにするくらいがちょうど良い。

3／10

晴れ　風冷たい　6：45～12：50

午後になると雪が緩んで、スキーシールにべっとりと張り付く

こんな夢を見た。気づいたら下山していて、どうやら今回の計画は失敗したという。僕は慰めの会の中心にいて、スーパーで買ってきた半額のお惣菜とビールで乾杯している。今日中に再入山すれば計画を続行できる、という暴論を主張する僕を、「みっともないから止めな」と優子にたしなめられるのだった。

朝の雪は締まっていて歩きやすい。この計画で人に伝えたいことがあるとすればなんだろう。考え事をしながら歩くには実にちょうどいい尾根が続く。冷たい風が頬を叩き、いそいそと厚手の手袋をはめる。ピッシリ山頂は思いのほか狭く、風もあるので先を急ぐ。

僕のこの計画の核は「山に感じる幸せ」だ。厳しく辛い行動があっても、やっとのことで張ったテントで飲むインスタントの味噌汁はこの世で一番の幸せだ。暖かい陽だまりの下、濡れ物を乾かしまどろむ分かりやすい幸せもあれば、硬く凍てついた氷の稜にアイゼンを利かせて進む緊張もまた、幸せなのだ。

「あいつ、こんな大変そうなことを、こんなに幸せそうに楽しんでいやがる」

そんな旅にしたい。

11時、雪が腐り、今日も不幸がやってきた。歩きづらい雪の登り返しを諦め、東の沢へと進路を変える。

もういいや、昼からテントでまどろむのが僕の幸せだ。

あぁ、陽光というものはなんと懐が深いのだろう。アーモンドが美味い。

3／11

晴れ↓曇り↓吹雪　5：30〜12：40

今日は最初のデポ地、ピヤシリ山頂避難小屋へ辿り着く予定だ。暖かい薪ストーブを想うと胸が高鳴る。昨日は美幌《びほろ》峠に着く前にベタ雪で諦めてしまったがそれで正解だった。締まった雪ではあっという間に峠に着いた。

しばらくは森の中を進む。標高850mに上がると大雪原が広がっていた。あまりに広すぎて行ったこともない極地のイメージと重なる。風が出てきて今日も厳しい登りを強いられそうだ。だが今日はいつもと違う。なんといっても、この先には小屋が待っているのだ。多少の濡れや氷は小屋の温もりが癒してくれるに違いない。予報では昼過ぎから雨や湿った雪になると言っている。出来ればその前に小屋に着きたいと進む。

突然、目の前を白い物体が横切る。ユキウサギだ。こんなところに食べ物などあるのだろうか。それにしてもあの小さい体でこの地を生き抜いてゆく力強さが羨ましい。対して僕は、食べるものも、身を守るものも、その全てを背負わなければ旅を続けられない。この違いは何なのだ。

吹雪が強くなり、惰性で歩みを進め始めた頃、ようやく山頂に着いた。小屋はデポに訪れた3週間前となんら変わらず、風雪に揉まれながらも立派に建っていた。さっそく薪ストーブに火をつける。身が、心が解きほぐされてゆく。

小屋に備え付けの鍋を借りて、小屋の周りのきれいな雪から水を作る。温かいカフェオレでホッと一息。幸せな瞬間だ。ストーブの熱でスキーシールの水分が見る見るうちに蒸気を上げて乾いていった。7日目にずぶ濡れになって、乾かせないからとザックの奥に封印していた靴下もあっという間にカピカピだ。

今日で2011年3月11日から11年が経ったという。当時僕は高校1年の春休みだった。午後の野球部の練習が終わり、みんなで談笑していたところでスマートフォンで東日本のニュースを知った。僕は気づかなかったが、マネージャーの二人はほんの少しの揺れを練習中に感じていたという。ここ大阪でも感じるほどの地震に事の重大さを感じたものの、正直なところどこか他人事だった。

大学に入って、先輩や同期に被災している人がたくさんいることを知った。当時宮城に住んでいた優子もその一人だった。中学の卒業式が直前で中止になり、1週間くらいは避難生活も送っていたそうだ。

　僕が大阪で生まれた3か月後、阪神淡路大震災があった。寝ている僕の真横に植木鉢が倒れ、食器がたくさん割れたという。その日、父の宿泊予定だったホテルが倒壊したが、出張が直前で中止になって事なきを得たんだと聞かされると運命のようなものを感じてしまう。

　4年前には札幌で胆振東部地震に遭った。札幌でも震度6弱の揺れを観測し、僕はマンガ棚に埋もれていた。よく見たら頭の真横に棚の上から麻雀パイが落っこちてきていたのだから笑

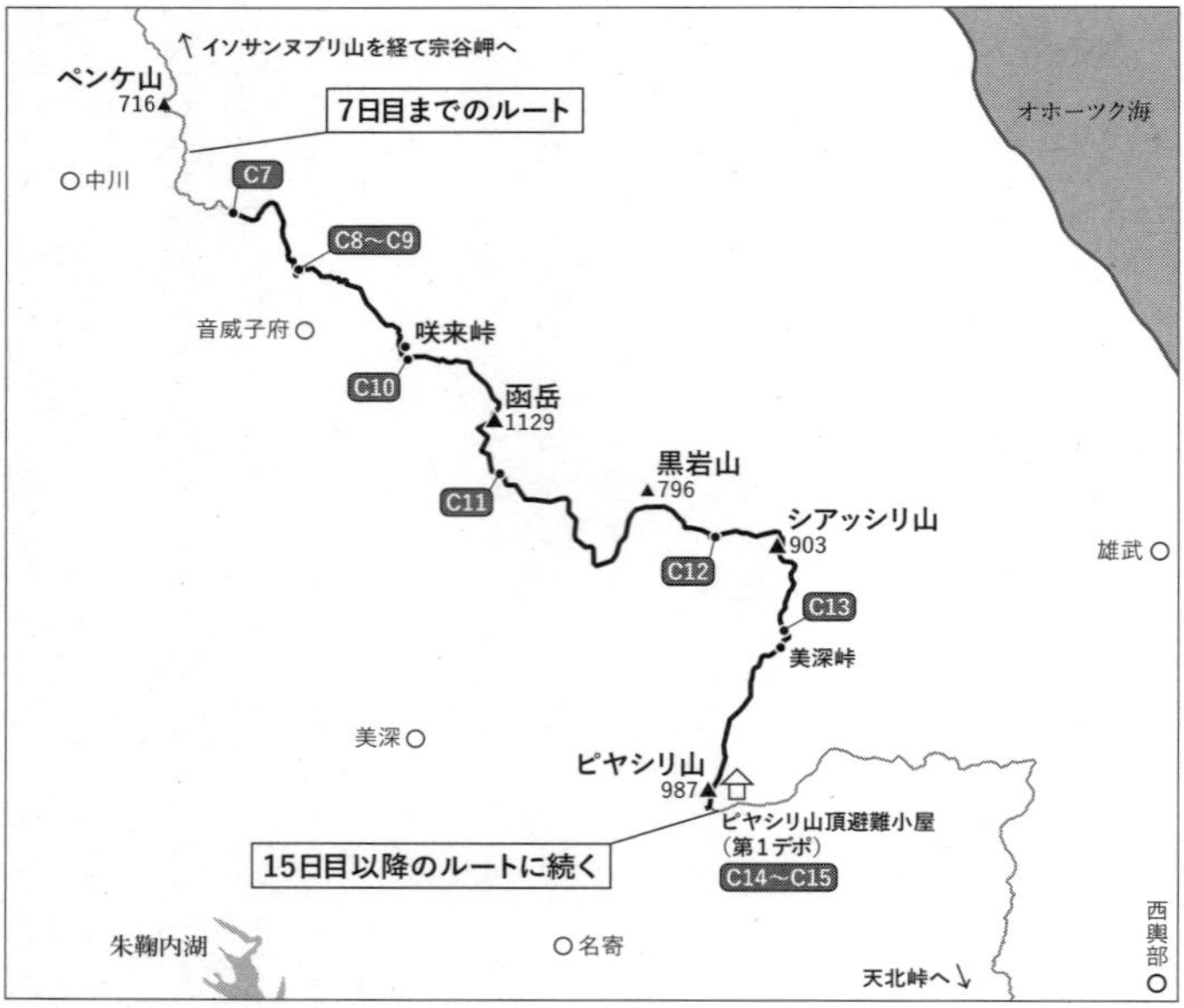

8日目から14日目の足跡

えない。その後の停電生活は山道具を総動員すれば訳なく乗り越えられ、今となっては笑い話だが、地震の衝撃が色あせるわけではない。

自然とは、本当に美しさと恐ろしさを共存させている。この旅など、自然が本気を出せば、簡単についえてしまうだろう。それでも僕は山へと向かう。何とか自然に溶け込みたい。自然への畏敬を忘れず、身の程をわきまえながら、自然が、山が見せてくれる様々な表情をこの目に映したい。

でも、そう言っておきながら、今日は小屋に泊まっているのだ。なんて僕はわがままなのだろう。

二　北見山地

3／12

吹雪　小屋で停滞　低気圧の通過

昨夜はなんだか寝付けなかった。吹き荒れる風雪が絶え間ないからではなく、小屋が快適過ぎて、落ち着かないのだ。縦走中も持ち歩くと決めていた志水哲也氏の『果てしなき山稜』を読んで過ごし、眠くなるのを待つ。快適過ぎるのも問題なのかもしれない。

快適だと、昨日まで気にならなかったヒゲの長さが気になり、もう2週間風呂に入っていないから頭をはじめ体中がかゆくなってくる。

もう15日目なのだ。でもまだ1／4なのだ。この旅の長さを思い知らされる。

昼飯を食べて少しまどろんでいた頃、ストーブでも、風でもない大きな音が聞こえて覚醒する。このエンジン音は…。と思っているとと5台ほどスノーモービルが上がってきた。なぜだか分からないが小屋には入ってきてほしくないな、と思いながらそそくさと小屋に広げて乾かしていた装備を片付ける。悪いことなど何一つしていないのだけど、覗かれたくないものを覗かれるような感覚だ。だが、

ストーブの温もりに、身も心も濡れた装備もリセットされる

地元の人だろうから、やっぱり少し話してみたいなと思っていると、5人はホワイトアウトの中へ消えていってしまった。悪天候なので山頂付近の小屋へは誰も来ないだろうと高をくくっていたが、今日は土曜日であるし、スノーモービルにはこの風雪くらいではなんてことないらしい。もっとも大して疲れていないから小屋にも用が無いのかもしれない。ひょっとすると僕に気づき、そっとしておいてくれたのだろうか。もう一度来ないものかとソワソワする。風の音が紛らわしい。

一か所目のデポ品の回収はさながらタイムカプセルだ。お楽しみグッズはほとんどなく（マヨネーズが低温で分離していて困った）。3週間前の僕の気の利かなさにはがっかりしたが、そういえばデポで登ってきたときは

「そんなものがあると興がそがれる」

と敢えて入れなかったことを思い出した。今はそれどころではない。窓にハエが群がっている。美味しかったら歓迎しているところだった。

ついぞ、スノーモービルの方々は来なかった。残念だけれど、なぜか少しホッとしている。僕は根が人見知りなんだと思う。本当はもっと積極的に話しかけられる人間になりたいのだけどなぁ。

明日からまた進むつもりだ。今（16：15）はまだ快適な小屋に少し未練がある。もう

十分に満たされた気がするのだ。だが明日からの山で出会えるであろう時間も楽しみだ。小屋は気持ちを前向きにしてくれる。19日に大きな低気圧が来るようだが、それまでにウェンシリを越えたいところだ。気合いを入れろ！

3／13

高気圧圏内　晴れ　5：30～13：00

今日も下山している夢を見た。今回は僕抜きで激励会をしてくれているところへ飛び入り参加していた。なんでここにいるんだとみんなに突っ込まれる。

目を開くと小屋の天井が見えた。少し安心した。

夢は夢だ。今はもう小屋への未練はなく、先へ進むのを楽しみに思っている自分がいる。小屋を掃除して、挨拶をして出る。また回収で来るのが楽しみだ。

今日は雪質が良く歩きやすそうだ。デポしていた食料や燃料を回収してザックは重くなったが、十分に休養できたので身体も心もなんだか軽い。

快適に峠へ向けて下る。峠は大きく北へ蛇行しているのでショートカットする。我ながらスムーズなルート取りだ。10時を過ぎるとやはり雪が悪くなり少しペースが落ちるが、13時に目標のテント場へ着くことが出来た。こういう時はこれ以上先を急ぐよりも、予定通り進んだ方が良いと言い訳をしてテントを張る。

そういえば、分離したマヨネーズは水汲み用に使っていた空のペットボトルに詰め替えることにした。この先は水を汲めるところはあまりないはずだから、デメリットも少ないだろう。

このペースであれば3／15朝に天北峠《てんぽく》、3／16札滑岳《さっこつ》、3／17ウェンシリ岳といけないだろうか。3／19は間違いなく停滞だろうからそれまでは頑張って進みたいところだ。

まぁ、なるようになるか。分離したマヨネーズでも十分旨いな。

3／14

ガス　雲海？　晴れ　ガス　風はほぼなし　5：30～14：00

寒い朝に慣れてきたのか暖かいのか、とあれこれ考えたが、小屋で装備が乾いて快適だっただけかもしれない。そんな朝。小屋で少し余分になった食料を食べてから出発したせいで胃が刺激されたか、それとも単純に出発からかなり時間が経っているからか、やけに腹が減るのが早い気がする。

テントを出るとガスが濃くて何も見えない。それでも風雪が無いから、あまり気分は沈まない。少し登るとガスの上に出たようで、眼下は雲海になっているが、上空もまた曇っているので景色としてはあまりぱっとしない。雪は硬く締まり歩きやすい。その後も軽快に進むが、ガスの中をボケっと歩いていたら、下る尾根を間違えたようだ。斜面方向が明らかにコンパスと違ってきたので気づいた。平凡なミスを反省する。油断が取り返しのつかない失敗にならないように気を付けなければならない。

雪は9時頃に一度悪くなるが、11時に復活した。ザラメになって逆によく滑るようになる。この計画で初めて朝決めた予定（目標）のテント場よりも先に進むことに成功した。

天北峠を最後に、稜線の標高は襟裳岬のすぐ手前まで500mを一度も切らないらしい。標高が高いと雪が良いだろうと喜ぶべきか、それともテント場を選ぶのが大変になってくることを嘆くべきだろうか。

3／19はやはり天候が悪そうで、20～21も動けないかもしれない（21はいけるかも）。昨日まで全く頭にも無かったが、3／18までに天塩岳避難小屋まで進むことは可能なのだろうか…。相当ハードになるのは間違いなく、そもそも明日明後日の天気が今ひとつなので無理かもしれない。

やっぱり後先はあまり深く考えず、その日のベストを尽くすことに専念すべきか。だが雨予報が気になる。昨年のトラウマが残っているとも言えるのかもしれない。もう二度とあんな思いはしたくない。大切なのは余力を残すこと。心の余裕を忘れないこと。テント場は安心できるところに張ること。疲れていてもいい加減にしないこと。

すべてのミスは疲れから生じると感じる。14時くらいに行動は切り上げるのがちょうど良い。

3／15

終日雪　朝は曇り　5：20〜13：00

そういえば昨日はホワイトデーだったなぁ、なんておもいながら朝支度をする。

このさきは尾根が細くなり、進むのに難儀する。降雪も段々と強くなり、気分は憂鬱になる。東風が吹いているので西側の斜面は比較的楽に進められる。それでも段々と風雪が強まるにつれて、体の熱で雪が解けて全身にまとわりつき凍ってくる。手袋が冷たく手の感覚がなくなってくる。気温ではなく、濡れからくる冷えの方が厄介だ。手袋を濡らし、上下のウェアにも水が滴る。湿った雪は不快この上ない。

今日は札滑岳を越えたい、なんて思っていたがとても無理そうだ。札滑岳手前標高700mくらいで力尽きる。今日唯一良いことといえば、東風なので札滑岳の西尾根は風があまりないことくらいだ。冬型の気圧配置だとここには張れないだろうなと思いながら、太いタンネの横にテントを立てる。テント内でも全身が湿って落ち着かない。ボールペンを持つ手がかじかんでうまく字が書けない。

晴れれば雪が悪いから、雪が降れば全身が凍っているからと何かと言い訳をして昼過ぎには行動を切り上げてしまうこの怠惰な僕はどうにかならないものか。明日こそは頑張ろう、と毎日毎朝思っている気がする。頑張りきれないのは実は登山には重要なスキルだったりしないかなと思ってみたりする。元気でないと楽しくないと思いたい。あぁ、これもまた言い訳か。

3／16

曇り　雪　風は弱め　5：40～14：50

昨日の湿りがまだ残っている。文句ばかりも言っていられないのでいつも通りを心がける。気温は高めであまり手はかじかまない。朝、パッキングを始めた時は雪が降っていたが、テントを出る瞬間に止む。地味ではあるがとても嬉しい。撤収のタイミングでの風雪ほど気持ちが萎えるものはない。昨日の憂鬱を忘れて気分よく出発する。昨晩10～15㎝ほど積もった雪がカリカリ斜面を覆ってくれて、歩きやすくなった。これは朗報だ、と思っているとシーアイゼンが壊れる。スキー板に取り付けているシーアイゼンを付ける金具のボルトが全部ぶっ飛んでしまったらしい。シーアイゼン本体は問題ないのだが、ボルトの代用は何で出来るのだろうか。とりあえず片足でごまかしながら進む。札滑岳は山頂が狭く、下りも急なので登頂後に少し戻ってから下る。やはり積もった雪のおかげでスキーが滑りやすい。アップダウンを上手くこなしてウェンシリ岳を目指す。カリカリに凍った斜面でないとこうも楽なのか。しかしこの積もり方（クラスト斜面の上に無風降雪と昇温）は雪崩の起こりやすい状態でもある。全ての条件は一長一短、メリットもデメリットもある。その場に応じて、より安全で進みやすい方針を考えるのが、難しく、大変で、そして登山の

3月16日、ウェンシリ岳山頂。残念ながら展望はまったくない

醍醐味だ。

ウェンシリ岳の手前で登山道の看板を見つけて、なんだか嬉しくなった。やはり里が恋しいのだろうか。

ウェンシリ岳は日高を彷彿とさせると言われるが、日高は正直こんなものではない。強いて言うとすれば芽室《めむろ》岳の周辺に雰囲気が似ているだろうか。

今日こそは頑張ろうと13時を過ぎても粘って進むが、やはり雪が悪いと大幅にペースダウンしてしまう。疲れてきたからだけではないと思う。ここは明日の朝なら1時間かからなさそうだ、と思いながら2時間かけて斜面を越える。

足が攣った。効率が悪すぎる。これなら朝1時間早く起きてヘッドランプで進んだ方が良さそうだ。テントを張ろうとすると雪が強まる。あーあ。もういやだ。今日はココアを少し濃い目で飲もう。

3／17
雪　たまに止む　風は弱い　5：00〜14：00
ストックが折れた。
現実を受け入れられず、しばらく放心状態となる。

悪態をつきたくなる。重荷でなければ。ストックがもっと丈夫だったなら。ベタ雪でなければ。

愚痴が溢れて止まらなかった。

違う。選んだのは僕だ。デポの数も、ストックの種類も、この雪の時期も。何よりこの計画さえも。

ベタ雪を払おうとスキー板を叩いていたらストックが折れてしまったというのに、残るもう一本でまたスキー板を叩こうとしてしまう。僕はバカなのか。喉元過ぎれば熱さを忘れる、とはこのことだ。喉はまだ大火傷しているというのに。

違う。喉が渇きすぎているのだ。渇きを何とかしないと熱いと分かっていてもまたこのお茶を飲んでしまうだろう。お茶を冷ます方法を考えなければ。出発前に、成長したいと話したはずだ。今がチャンスだ。

自分なりに結論を見つけ、明日のアラームを掛けて眠りにつく。

3／18

弱雪　ガス　風少し　夕方晴れ　0：30〜14：30

23時、アラームが鳴る。日付が回る前に朝食をかき込む。0：30に出発する。弱い雪が降っているが、月明かりがありがたい。ヘッドランプがいらないのでは、と思う時があるくらい辺りは月に照らされて明るい。

昨夜、「明日は0時からだ」と決めた。雪が悪くなる前に稜線に上がること、まだかなり距離は残っているが天塩《てしお》岳避難小屋を目標とすること。不思議と迷いは無かった。

暗がりの中にうっすらと樹林が抜けて見える林道を黙々と歩く。荷は相変わらず重いが決意は固い。林道が途切れるころ、日が昇る。お月様、ありがとう

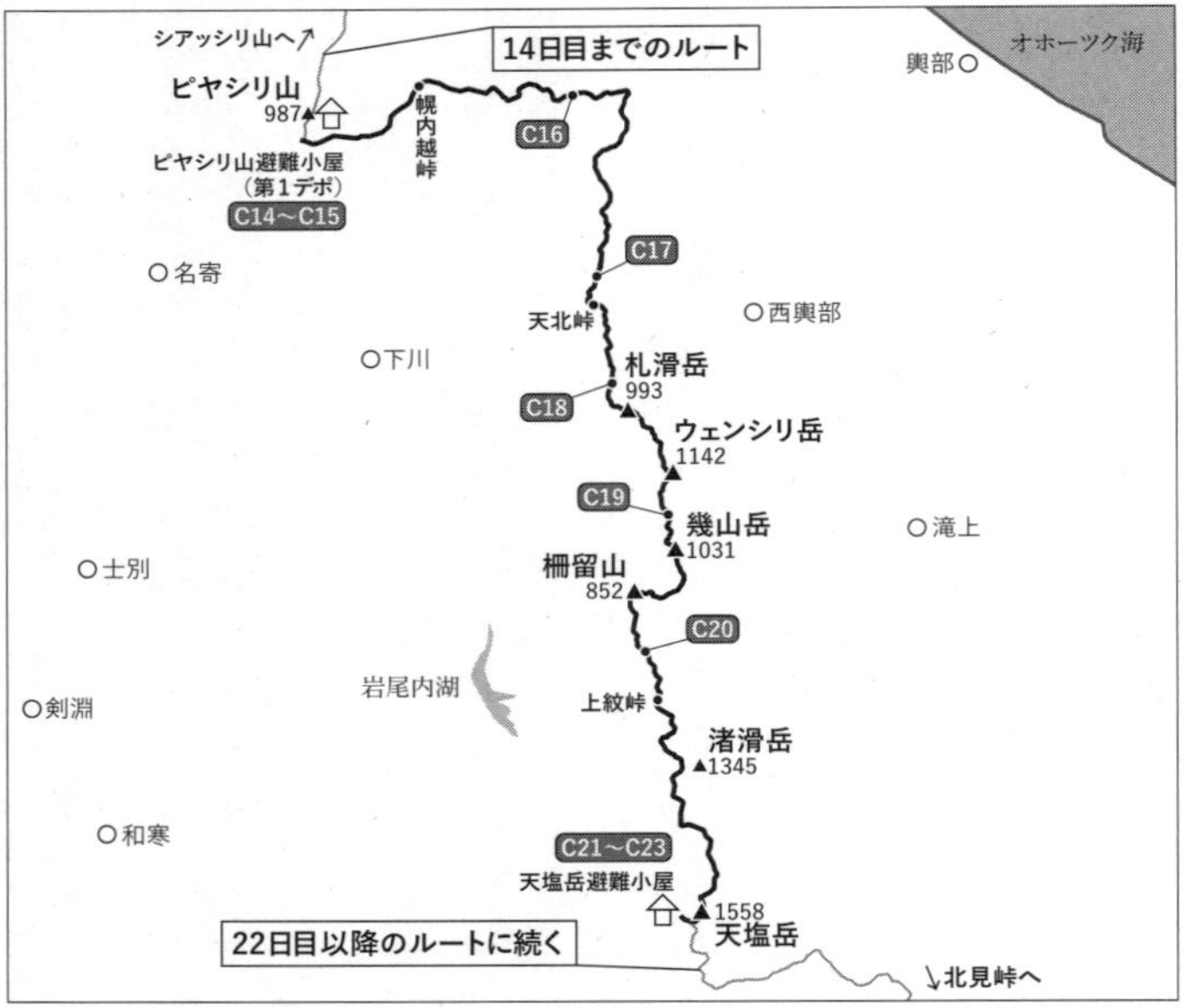

15日目から21日目の足跡

ございました。この先も、息を切らしながらも着実に登る。思いのほか外尾根は緩く、雪も程よいので、少し強引にスキーで進む。このまま前天塩岳まで行けるだろうかと思っていると最後に急で細い岩場が出てきた。アイゼンをこの計画で初めて履く。想像以上に細くおっかない稜線だった。油断していた。緊張したが、慎重に進むことが出来た。そのままアイゼンで空身にして前天塩岳山頂を踏みに向かう。山頂手前の吹き溜まりに苦戦したが気持ちが良い。下りは途中からスキーに戻す。天塩岳を西側にトラバースして、こちらも荷物を置いて山頂へ向かう。なんだか今日は物凄い達成感がある。スキーで駆け降りて小屋へと転がり込んだ。

ストーブこそないものの、小屋は快適そのものだ。ここまでで余裕のあるガス缶を使って、濡れた装備を乾かす。幸せだ。小屋の中に張ったテントから顔を出すと、テントから大きく湯気が上がっていた。

すごく充実した気分だ。何より、明日明後日は悪天候だから心置きなく停滞できる。ピヤシリ山からここまでわずか6日で来てしまった。体と装備にいろいろとボロが出てきているが、それもまた一興だ。しばらくは先のことは考えず、この余韻に浸ろうと思う。

お楽しみグッズのカップヌードルが疲れ切った体に染み渡る。

三　北海道の屋根を行く

3／19

烈風　猛吹雪　三陸沖に中心を持つ発達中の低気圧の接近　道内大荒れ　小屋停滞

風の音で目が覚める。ストーブが無いのでテントと変わらず、むしろ小屋の方が寒く感じる。ラジオは道内の大荒れと季節外れの大雪を告げている。日高など太平洋側やオホーツク海側では多いところで40～60㎝積もる予報らしい。やはり昨日のうちに小屋に辿り着けて本当に幸運だった。結局のところ人の力に頼ってばかりだ。直接でこそないものの、小屋に囲われ風雪をしのいでいる様はサポート以外の何物でもない。これまでだって林道に頼ってショートカットしたり、ときおり現れる人工物に精神的な安心感を何度も感じてきた。ノンサポートで北海道分水嶺を縦断することが最大の目標の一つだった。だが、ノンサポートだなんて口が裂けても言えないことを痛感する。人の力のありがたさを享受してこの旅は成り立っている。これもまた幸せと言って良いに違いない。

昨日の雨天順延を経て、今朝から春の選抜甲子園が始まった。選手宣誓で当たり前のありがたさを声高に堂々と発するさまは見事だ。彼らはおそらくコロナ禍のことを言っているに違いないが、きっとそれだけではないのかもしれない。

時間があるといろいろと考え事をしてしまうが、どうしても先のルートのことが気になる。武利《むり》岳の稜線はどのくらい細いのだろう。安心できるテントサイトはあるのだろうか。先の天気も分からないのにあれこれ悩んでも仕方がないのだがどうしても考えてしまう。

小屋の中でスマホの電波が入らなくて良かった。これだけ暇を持て余せば、いくらバッテリーがあっても足りなかったに違いない。僕のように意思の弱い人間には、意思に寄らずそうせざるを得ない状況に飛び込むのがてっとり早いのかもしれない。電波が無いので強い意志が求められなくて良いが、食料は少し余裕がある分、意思の弱さが止められない。今日も想定より柿ピーナッツが多く空いてしまった。

●停滞コラム①「座右の銘その1　人生はバランス」

人生はバランスだと思う。限られた時の中で何を優先して生きたいのか、どういうバランスに時間を配分するか。許されるならばすべての時間を自分がやりたいと思うことだけに捧げて生きてゆきたい。

睡眠のバランスや食生活のバランスも重要だ。とりわけ僕はこう見えて体が弱い。外傷には強いと思うが、体の不調には敏感だ。睡眠、食にウェイトを置いた生活をしたいと思っている。

登山でもバランスが重要だ。不安定な雪稜や岩場でバランスを崩さないことはもちろん、スキー登降でのバランス、ザックのパッキングのバランス。天候に対してどのように行動するかについても、どこまでなら無理がきくのかもバランスだと思う。人生は登山だという人がいるが、人生も登山もバランスが大切だ。

どんなバランスが自分にとって心地よいのか。大切なのはこの感覚だと思う。

●停滞コラム② 「座右の銘その2　後悔しない選択を」

人生には様々な岐路がある。だが僕は高校までは親が敷いてくれたレールの上を呑気に進んでいるだけだった。それは自分で考える必要のない楽で快適なレールであり、精神的に未熟な時期を温室で育ててくれた両親にはとても感謝している。

レールを外すきっかけは大学進学だった。周囲では地元の関西圏へ進学する友人が多い中で、北海道大学の門を叩いた。そこでワンゲルと出会うことになる。3年生になると函館キャンパスに移行する水産学部生だった僕にとって、部活は最初の2年限定のものだろうと思っていた。それがあれよあれよという間に登山の沼にはまり、気が付けば2年間の禁断の用紙（休学届）を手にしていた。

あのとき休学していなかったら、レールに沿って無難に就職していたに違いない。しかしそれで後悔はないのか。特にやりたいわけでもない仕事を定年まで続け、それなりの幸せを見出すという未来を僕は受け入れられなかった。土日の休日を待ち望み平日を過ごすのはごめんだと思ってしまった（社会で活躍されている先輩方がそうであるとは思っていない）。休学しなければよかった、と後悔する可能性がありそうかということだけが焦点だった。そして、やりたいことをやりたいようにやり尽くして後悔するはずがない、というのが僕の結論だった。

この決断を後悔しているか、していないか、その答えはまだわかっていない。一つ言えることは後悔しないように、休学して良かったと思えるように今を懸命に生きろということだ。

●停滞コラム③「精一杯を超えろ」

高校野球をしていたころ、当時の監督の合言葉は「精一杯を超えろ」だった。今日、今の自分の101％の力を出せれば、明日にはそれが100％になる。そこでまた

101%が出せれば少しずつ成長出来るというわけだ。理解したつもりでも、これを実践することはとても難しい。なんと言っても〝精一杯〟などそう簡単には超えられない。精一杯で精一杯なのだ。それでなくとも苦しい練習から逃げ出したいし、サボりたい。今思えば高校時代、本当に〝精一杯〟を超えられた日は数えるほどしか無かったように思う。

登山をするようになって、この言葉の捉え方が変わった。登山において〝精一杯〟は超えてはいけないラインである。これを超えれば途中で動けなくなり遭難する。あるいは判断力が低下して致命的なミスをする。クライミングであればフォールすることになる。スキーであれば派手に転倒することになるだろう。

では登山では精一杯を超えられないから成長できないのか。そんなことはない。自分の力量の中で余裕を保ちながらまだ自分に足りていないものを補う。工夫次第だ。

高校時代、がむしゃらに体力の続く限り努力することが精一杯を超える唯一の方法だと思い込んでいた。この考えを変えられただけでも登山を始めた価値がある。

今日も精一杯を超えよう。考え工夫することをやめなければ、新たな自分に出会えるに違いない。

3／20
疾風　段々収まる　冬型　小屋停滞

風の音で眠れない。昼寝のせいだろう、と言われれば返す言葉はない。それにしてもこれだけの爆音を聞かされ続けると頭がおかしくなりそうだ。23時になっても眠れない。耳栓かイヤホンが欲しい。こういう時は『果てしなき山稜』を読むに限る。うつ伏せになって、1日テントにいて丸くなった腰を伸ばしながら読む。今の僕以上にこの本に感情移入して読むことが出来る人は志水氏本人のほかにはいないに違いない。

日の出とともに目覚めると、風の音は止んでいた。嵐のピークは過ぎたようだ。小屋にいれば安全だと分かっていても、風雪が収まってくると安堵することには変わりない。余ったガス缶を贅沢に使い、テント、兼用靴、スキーシールなどを乾かすために午前中を費やす。どうせ明日には濡れるのだと分かっていても、見る見るうちに乾いていく様は気分が良くないわけがない。

昼過ぎに小屋から出て外の様子を確認してみる。まだ吹雪いているが、よく見るとうっすらと上空が青く、天塩岳や前天塩岳が見えている。嬉しい。明日には行動出来そうだ。折れたストックを出来る限り修復する。テント用の替えポールを添え木にテーピングとダクトテープを巻いてスキーバンドで締める。まだ少しぐらつくが、丁寧に扱えば何とかなるはずだ。なんとかなってくれなければ困る。

0対2、2点ビハインドの近江高校が1点を返してなお1死1・3塁、タッチアップで同点かと思いきやホームタッチアウト。万事休すかと思っていたらここから同点に追いつき、ラジオの前で思わず一人興奮する。長崎日大の9回裏の攻撃は0点に終わり、延長戦だ。10回裏1死満塁のチャンスも生かせず。それにしても近江高校よ、なんて粘りだ。そしてとうとう勝負はタイブレークへと突入した。13回表、無死1・2塁。1球で勝ち越した。その後は相手のミスにも付け込み6対2で勝利。諦めないとはこのことだ。そもそも近江高校は京都国際高校の部員に新型コロナ感染が発覚し辞退したことで巡ってきたチャンスだ。

僕も彼らのように限られたチャンスを粘り強く勝ち取れるような生き方をしたい。とても良い試合だった。両校ともお疲れ様でした。明日から縦走を再開する。厳しい場面も必ず訪れるだろう。気持ちを強く持って、冷静な判断を繰り返していこう。

なんだか緊張してきた。今日眠れなかったら決して昼寝のせいではなく、武者震いだ。

3／21

雪　時々吹雪く　湿雪気味で不快　5：40～12：30

寒い朝。気温がどうこうという話ではない。小屋に守られて贅沢になっているだけに違いない。小屋を出来るだけ掃除していざ縦走を再開する。荷はかなり増えたはずだが、停滞明けはやはり体が軽い。予報に反して天候が悪く（予報では、上川では曇りときどき雪、ところにより吹雪くでしょうと言っていたから予報が外れたわけではない。単に僕の願望が外れただけである）、大粒の雪が横殴りに襲ってくる。次第に憂鬱になり、今日も停滞すべきだったのでは、と思い始める。段々と気温が上がり、風が弱いタイミングでは体が火照って暑くなってくるのだが、これだけ雪が舞っていると十分に脱いだりベンチレーションを開けることも出来ず、汗が溜まりじめじめと不快だ。やっぱり今日は進むべきではなかったと何度も思うが、こういう日に着実に進められるから晴天を高峰で迎えられるのだと言い聞かせる。それからは深く考えず黙々と歩く。

気づけば浮島トンネルの上を越えて浮島峠まで来ていた。トンネルが出来る前は多くの車が行き来していたであろうこの峠も、除雪はもちろん、人が入った気配はない。標識や看板はさびれ、吹雪も相まって物悲しい雰囲気を醸し出している。華やかなものの裏側にあるこうした廃れた風景を前に僕は言葉に詰まる。これはどういう感情なのだろう。忘れたくないので写真に収めた。

相変わらず天候はひどいもので、もう予定のテント場は諦めて、風を避けられそうな場所を探す。30分くらいフラフラとさまよった結果、大木の風下にテントを張る。時間を掛けただけあって、無風の素晴らしい場所を見つけられた。太い木がたっぷりと雪を抱えてどっしりと構えている。彼に限らずこの周辺の木々は皆、一昨日の暴風雪にも文句言わず耐えていたのだと思うと実に頼もしい。ここにいれば大丈夫だ、そう思わせてくれる。僕も彼らのように安心感のあるガイドになりたいものだ。

ウェアに、ブーツに、ザックにべっとりと雪が付き、あまりの不快さに暴言を吐き捨てながらテントに入る。湯を沸かしカフェオレを飲むと、じんわりと体が温まってきた。不思議なもので、昨日のあの快適なシュラフの中よりも、いま不快な湿りの中にうっすらと感じられる自分の体温からくる温もりに幸せを感じるのだった。

人間は不自由の中の些細な幸せにより感動するものなのかもしれない。快適になればなるほど要求はエスカレートし、とどまる所を知らないに違いない。その証拠に昨日は少しの濡れが気になり、ちょっとしたすきま風をも遮ろうと躍起になっていた。今はそんなもの全く気にならない。だとしたらそうか、いま僕は幸せなのか。感情の浮き沈みが激しいが、相変わらず単純な性格なので幸せなような気がしてきた。

明日はNHKのヘリコプターが空撮に来てくれるかもしれないらしい。来られるとしたら10時くらいだという。チトカニウシ山へはあと3時間もあれば着いてしまいそうだが、何時に出ようか。田辺さんは野村君のペースで、としきりに連絡を下さるが、全く気にしないというのは無理がある。どうせなら良いタイミングでカッコよく撮ってほしい。

スキーでこけないように頑張ろう。あとは天候次第だからなるようになると思おう。

今日も今日とて板チョコが美味い。

3／22

終日吹雪　チトカニPeakは…　5：30〜14：30

昨日は気づかなかったが、停滞している間に一気に明るくなるのが早くなった気がする。宗谷岬を出発したころは日の出が6時で、その30分前の5時半になってうっすら明るくなってくる程度だったが、さらに30分くらい早くなったと思う。明日は5時に出ようう。勝手に想像していた、昨日よりも天気が良いのではという期待は見事に裏切られ、昨日以上の暴風雪となる。当然ヘリコプターはフライト中止となる。残念に思うまでもない天気にはうんざりだ。標高が上がるにつれて風はますます強まり、視界も落ちる。途中でまた尾根間違いのミスをする。視界と風が悪いと、こんなところで、という場所でミスをしてしまう。今日は出発すべきではなかったのかもしれないとまた思う。

標高１３００くらいまで上がってくるとホワイトアウトで雪庇と空との境目が見えなくなり、どこで雪庇ごと滑落するか分からないので、仕方なく樹林の中に入らざるを得ない。それでは樹林にザックが引っかかってますますペースが落ちる。これだけ風があるにもかかわらずどうして雪が飛ばされることなくラッセルが残っているのだ。重く深い雪がひたすらに苦しめてくる。次第に弱気になる自分が情けない。チトカニウシ山頂の直下で地吹雪が最大になり、わずかな風の切れ間につなぐシュカブラを探す。あまりの暴風雪にまともに風上は向けないので苦しい時間が続く。本当に息絶え絶えで山頂を越える。山頂からの下りは本気の

チトカニウシ山山頂にて

向かい風で、ほとんど目が開けられない。地図と過去の記憶を頼りに北の斜面に逃げ込むと、ここでようやく風が少し収まった。まともに休めるようになったのは標高１２０0くらいまで降りてからだった。

その後も太ももくらいの深いラッセルで、スキーで下っているとは思えない重労働である。チトカニウシ山は道内でも有数のスキールートなのでここを爽快に滑走するのを楽しみにしていたのだが、天気も雪も雪崩も疲労も単独行であることも、どれをとっても、とてもではないがスキー滑走どころではなかった。

下るにつれて雪は湿り、また全身が湿って不快だ。昨日の日記では「不自由の中の些細な幸せに…」なんて書いた気がするがあんなものは撤回だ。本当にうんざりだ。頼むから晴れてくれ。

北見峠を華麗に越えてさらに先へ登るつもりだったが無理だった。峠脇の建物の陰にテントを張る。久しぶりにテントで電波が入った。応援のメッセージがたくさん届いていた。人の力ってすごい。少し元気になる。あぁ、もう10日くらいサングラスを使っていないなぁ。明日こそ期待したい。

3／23
晴れ　雲多い　雪は少し　5：10～11：50

　空を分厚く覆っていた雲が取れて雪が止んでいた。久しぶりに清々しい朝だ。今日は頑張りたいところなので気合を入れて出発する。昨夕に峠でちらっと見えたスノーモービルの人たちのトレースが残っている。感謝だ。朝日が昇り、昨日のフラストレーションも晴れてきた。ラッセルは相変わらず深くて重い。スノーモービルのトレースが残っていなかったらさらに時間と体力を費やす必要があると思うと感謝してもしきれない。トレースを使うことにはもしかすると単独行ではなくなると賛否があるかもしれないが、登山道があるのに藪漕ぎをしないのと同じくらい（夏は沢登りや藪漕ぎをしていることの方が多いけれど）使わせてもらうので良いと思っている。登山道と違って、明日雪が降れば風が吹けば儚く消えてしまうトレースとの一期一会に幸運を感じるのだった。

　トレースをもってしてもラッセルがひどすぎる。雪が、ザックが、体が重い。やはり昨日の疲れが残っているようで遅々としてペースが上がらない。今日中に稜線に上がって丸山の先まで行きたいな、なんて思っていたのが嘘のように虚しく時間が過ぎてゆく。体力がもう限界で時間的に今日の稜線は無理なのでまだ午前中だが早々にテントを張る。

3／24
高曇り　昼から雪　風弱い　4：30〜14：00

昨日5時には空が十分に明るかったので3時に起きる。いつもなら出発までにダラダラと2時間近くかかってしまうのだが、今日に限ってうん波（unnpa。う○こに行きたい波）が襲来する。慌てて飯を食って用を足すと、4時半に出発出来てしまった。やればできるではないか。

有明《ありあけ》山と比麻良《ひまら》山のコルまで進むと薄暗い中に一筋の光が見える。とうとう幻覚が見え始めたかと思っていたらトレースだった。最初はまたスノーモービルのトレースかと思ったが近づくとスキーのそれだった。二人で交代しながらラッセルしていたのが手に取るように分かる。昨日と違い、雪や風で埋まっていないので目の前でラッセルしてもらっているに等しい。これはもう完全にサポートだ。

あっという間に樹林限界に達し、段々と雪が締まってくるとトレースは次第に薄くなってゆく。この辺りからこのトレースはどこに続いているのだろう、と思い始める。この先も武利《むりい》岳武華《むか》山方面に続いていたら嫌だなと思うのだ。さっきまであれほど喜んでいたのに、いざこの先もずっとあるかもしれないとなるとそれは面白くないのだ。我ながらあまりの自己中心的でわがままな思考に思わず閉口する。幸いこの先でトレースを見ることは無かった。

比麻良山（ヒマラヤみたいでおしゃれな山名だ）山頂ではニセイカウシュッペ山、軍艦山、チトカニウシ山、有明山、天狗岳、近い山が一通り見えた。天塩岳はガスの中だ。最初は武利岳かと思った高い山はよく確認すると屏風岳だった。

平山、丸山と斜面を滑走するまでは良かったが、その後はいつも通りのしんどい時間となる。雪がちらつき始め、風こそないものの今日も今日とて氷漬けとなる。あぁ、気分の良いまま1日が終えられることは無いのだろうか。行動を終える度にそう思うのだけれど、1時間後には紅茶を飲み飯とチョコを食らってちゃっかり幸せを感じているのだった。

3／25
曇りのち晴れ　風ほぼなし　暖かい　3：45～15：10

今日は久しぶりに予報が良いので気合を入れて2時に起きる。体とザックはまだ重いが雪は少しずつ落ち着いてきている気がする。

気合十分でヘッドランプを頼りに進む。日が昇ったころ、急な登りでストックに体重を預けたところで聞き覚えのある嫌な音とともに体が傾き盛大にこける。もう1本も折れてしまった。1本目ほどのショックはないものの実質的なダメージはこちらの方が大きいかもしれない。

ノンサポートとは何なのだろう。自分でルールを決めるというのはとても難しい。もう十分ここまでに人の力を感じているが、まだノンサポートと呼んでも良いのだろうか。ずっと考えているとノンサポートにこだわる必要もないように思えてくる。一つ気になることがあるとすれば、それはキリが無くなるということだ。誰かに手厚くサポートしてもらえばこの計画はきっと格段に楽に達成できる。それでよいのか。モヤモヤが残るに違いない。そう思うものの今日だけでは上手く答えが出せなかった。

3月25日、武利岳を望む テントサイトに思わず頬が緩む

天気は午後になるにつれて良くなり、次第に武利武華が姿を現した。なんて美しさだ。沈んでいた心に火が灯る。色々なことがどうでも良くなる。やはり晴れた山は美しい。武利岳武華山がウペペサンケ山、ニペソツ山、石狩岳、表大雪、北大雪、天塩岳。たくさんの山々が僕を励ましてくれているようだ。

思わずレミオロメンの名曲「三月九日」をフルコーラスで口ずさみ、幸せを噛み締める。サポートうんぬんで悩んでいるのが馬鹿らしくなってきた。やっぱり山は晴れだ。それだけで僕の心は救われる。それだけで明日も頑張ろうと思えるのだ。

3／26

曇り　視界あり　風は少し強い　夜は雨　4：30～17：00

朝起きると武利岳が見えている。体の疲れが隠し切れないが、気合は十分だ。尾根は見かけよりもアップダウンが大きく思うように進まない。標高1700くらいで急に雪が硬くなり、アイゼンに替えるタイミングを失い一時危なかった。シーアイゼンがあればと思うが壊れてしまったものは仕方がない。ここからはアイゼンを履いて、ここで初めてアイスバイルを出す。雪庇が大きく神経をすり減らす登りが続く。標高1750から壁のような岩場となる。急な岩に氷がビッチリと張り付いて硬く凍りついている。集中してアイゼンとアイスバイルを決める。あまりの急斜面に単独ロープなしで来る場所ではないとすら感じる。シートラ（スキーをザックに挟んで担ぐこと）が重く風に煽られてバランスを崩すのが怖い。必死の思いでバイルを振るう。ハンマーでハイマツを掘り出し、腕力で攀じ登る。この標高差１００ｍは日高でもなかなかないのではないか。緊張は１・５ｈくらい続いた。頂上稜線に上がったときはもうくたくたで武利岳山頂までがものすごく遠く感じる。山頂には看板のようなものがあっ

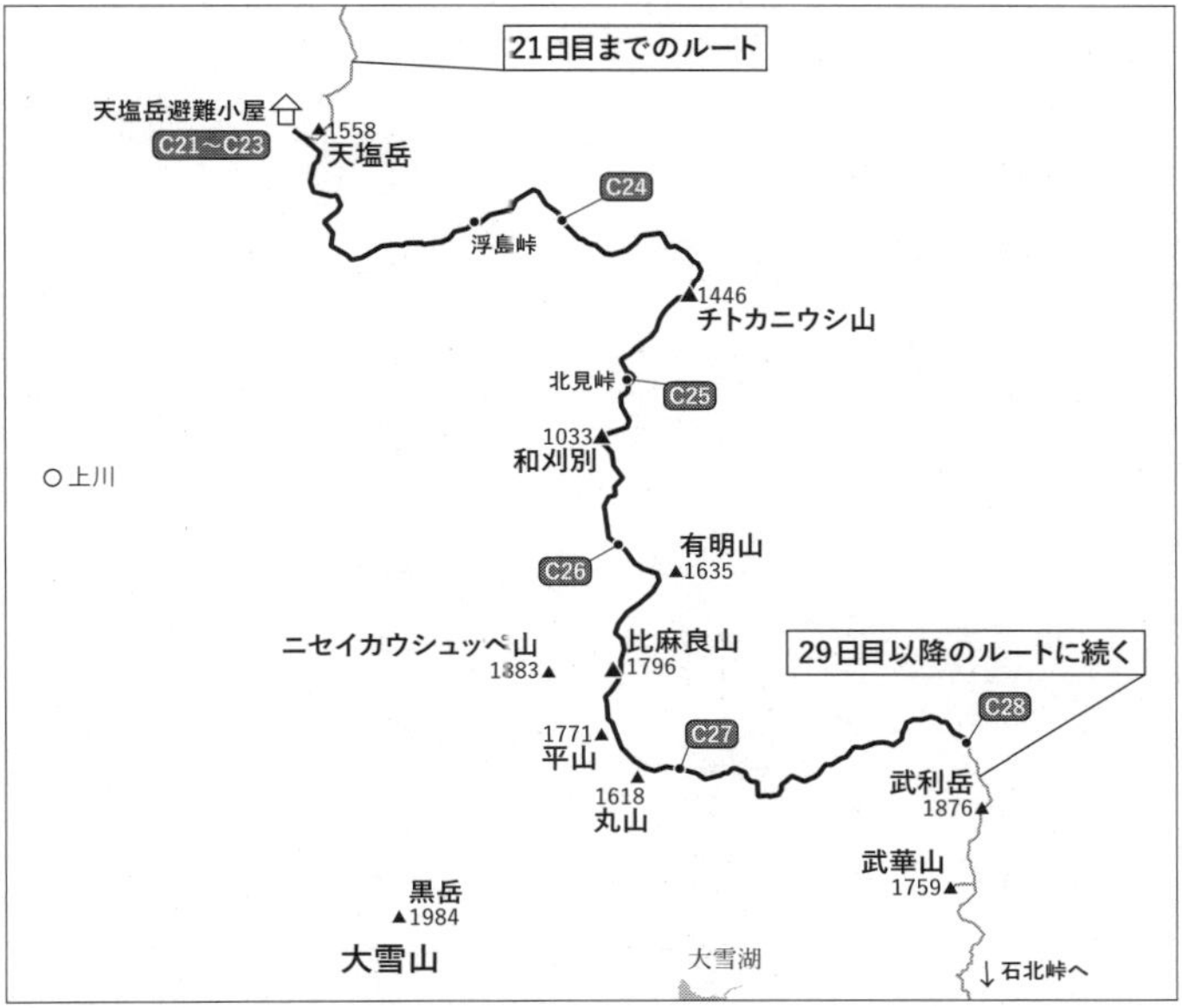

22日目から28日目の足跡

たが文字は読めない。この地吹雪では掘り出す余裕もないので先を急ぐ。下りは打って変わって歩きやすい尾根となる。夏山の登山道がこちらにつけられている理由がよくわかる。天気はまだ持ちそうなので力を振り絞る。前武華山に到着して、これ以上稜線伝いに進むには天候、時間、体力が足りないと思い、武華山は空身でピストン、前武華山からイトムカ林道へ下る判断をする。妥当な判断だったと思うが分水嶺からは少し逸れてしまい、自分の心の弱さが出た。武華山は空身だと往復30分だ。体が軽い。

二本とも折れてしまったストックが心もとなく、下りのスキーも必死だ。何とか林道に出て無心で下る。石北峠へと続く国道に出るとホッとしてしばらく動けなかった。

3／27

朝まで雨　昼前から晴れ　風は強い　特に峠　11：15～12：05　ほぼ停滞

昨晩18時すぎから降りはじめた雨は朝7時頃に上がり、風こそ強いが上空は晴れている。昨日はもうこれ以上動けないと思っていたが、峠までは行こうかという気分になってきた。石北峠では田辺さんと三好さんが待っていてくれた。修理道具のみサポートを受けることを決めるのには時間が掛かった。悔いが無いというと嘘だろう。でもこれも判断だ。自分の気持ちを信じようと思う。

僕の言葉を聞いてサポートを快諾してくださったお二人には頭が上がらない。つくづく僕は人に恵まれ、支えられている。明日の朝、修理道具をここまで届けてくださることになった。

今日は大相撲大阪場所千秋楽、若隆景と高安の優勝決定戦となった試合は若隆景の粘り勝ちだ。この粘りはきっと僕がいま一番ほしいものだろう。今年は3年振りに観客を入れた大阪場所だったようだ。そういえば3年前の今日は日高全山縦走中だった。ときの横綱白鵬が史上最多42回目の優勝を全勝優勝で飾り、こんな圧倒的な強さが欲しいと思ったのが懐かしい。

今、粘り強さと圧倒的強さ、選べるとしたらどちらだろう。いや、選べなさそうだ。

3／28

雪のち曇り　一時晴れ　風強く地吹雪　6：45～15：30

一瞬晴れ間が見えることもあるが、天気が良いとは言い難く、猛烈な地吹雪の時間もある。風が強く、苦しい時間が続く。

時間はかかったが、今日中になんとか北海道大分水点へと登り切った。会いたかったよと思わず膝をつく。

大分水点にあるはずの石碑を掘り出すべく1時間近く周辺の雪を掘ったが、十分に場所を確認していなかったせいで見つけられなかった。残念だがそれでいい。いましがた掘った穴を風よけにテントを張った。

3/29

朝起きると北海道大分水点にいる。こんなに幸せなことは無い。風があってテントの撤収には少し苦戦するが、これも良いスパイスだ。

日の出とともに出発するとウペペサンケ山が、ニペソツ山がモルゲンロートに染まる。何度も立ち止まってしまう。石北峠からここまでずっと苦戦させられていた痩せ尾根が段々と素直になってきて歩きやすい。小さなアップダウンを何度もやり過ごし、見慣れた尾根に出る。この

3月28日、北海道大分水点にテントを張る

辺りには学生のころからの思い出がたくさんある。ユニ石狩岳山頂では大雪山が全て見える。

十石峠へ降りて音更山《おとふけ》を目指す。この急登は記憶どおり大変だったが、武利岳と比べればあまりに素直で心が穏やかになるのだった。やっとの思いで辿り着いた音更山頂には石狩岳分岐の看板しかなかったが、とんでもない絶景が広がっていた。

石狩岳、ニペソツ山、ウペペサンケ山、表大雪、北大雪、トムラウシ山、オプタテシケ山、美瑛岳、十勝岳、下ホロカメットク山まで…。果てには雌阿寒岳、斜里岳、知床半島に、日高山脈まで望める。こういう日があるから山はやめられない。この感動を必死に心に刻む。

山頂から標高200m下って雪洞を掘る。明日は悪天候で停滞の可能性が高いので頑丈な雪洞をつくりたいと思っていたのだが、疲れていたのか、少し狭く天井が薄くなってしまった。大丈夫だろうか。

3／30
天候不明　暴風　雪洞停滞

朝、大荒れだろうと思いながらも念のために起きてみる。一瞬静かだなと思ったが、耳をすますと頭上から轟音が一定のリズムで聞こえてきた。停滞を決定する。

雪洞の入り口を雪のブロックで上手く塞げていなかったらしく、シュラフカバーにうっすらと粉雪が積もっている。雪洞の天井が薄いので内部の気温が上がると崩落するのではないかと怖れて、火を使いたくなくなってしまう。結局気温が上がる日中はガスを使わないことに決めて、朝沸かした紅茶をテルモスに入れて夜までそれだけでやり過ごした。衣類に濡れ物が多く、寒いというより冷たい。せっかく快適なはずの雪洞なのにあまり快適ではない。だが、この風の中でこんな稜線上にいられるだけで十分だと思うとしよう。

雪洞の入り口に立てたスキー板が風に煽られる音がうるさい。風といい、天井といい、何とも不安な1日だった。早くここから解放されたい。

3／31

快晴　そよ風　5：15〜15：45

昨晩は夕方くらいから風がぴたりと止んだ。日中に火を我慢していた甲斐あって天井は何とか持ちこたえそうだと分かると夕食で体を温めた。俄然快適になってきた。濡れ物はまだ少し湿っているが、温かく幸せな夜を過ごす。やはり雪山は雪洞に限る。

朝、幸せに起きる。天井が大丈夫だと確認すると、途端にこの雪洞を出るのがもったいなくなってきた。風が止んだと思ったのは入り口が完全に雪で蓋をされたからだったようで、雪を1mくらい堀り進めて這いつくばって外へ出る。眼前に飛び込んでくる石狩岳、ウペペサンケ山、ニペソツ山がまぶしい。朝日が薄っすらと照らすと雪の斜面がわずかにピンク色に染まってくれた。

石狩岳山頂では大パノラマが待っていた。あまりの絶景に言葉にならない。だが、今日は先が長いので悠長なことはしていられない。その後も快調に飛ばして10時半に沼の原まであと100mくらいの斜面を登っていると上空からヘリコプターの音が聞こえてきた。11時ちょうどに沼の原に出ることが出来て、僕の周りをヘリコプターが旋回してくれた。良い映像がとれただろうか。ありがとうございました。

沼の原のだだっ広い雪原は圧巻だ。振り返るとさっき越えてきた石狩稜線が丸見えとなり、正面を向くと雄大で純白のトムラウシ山が鎮座している。ここ数日降雪が無く晴れていたので、雪面がクラストしてギラギラと輝きなんとも神々しい。これを幸せと言わずしてなんと言おうか。こういう日があるから山は止められないんだよなぁ…。

一路、ヒサゴ沼避難小屋へ下る。雪面はカリカリだが気分が良すぎて何も思わない。スキーであっという間に小屋へと滑り降りる。小屋の一階は盛大に雪が吹きだまっていてとても入れないので二階から入った。第三のデポを回収してホッと一息をつく。長い一日だった。そして充実の一日だった。快晴、そよ風、カラッと涼しく、ラッセルなく程よく雪が締まっている。停滞明けで体が軽くデポ地点直前なのでザックも軽い（食料は残り二日分）。どれをとってもパーフェクトな一日だった。34日目にしてこれまでの一番を叩き出してしまった。

小屋の中でテントを張る。何も気にしなくて良いのが嬉しい。電波が入らないことが幸せを倍増させているとすら感じる。山深さを全身で感じることが出来る。この計画がどんな終わり方をしたとしても、今日という日は一生忘れないだろう。

3月31日、沼の原から純白のトムラウシ山を望む

4／1
雪　雲は薄め？　風あり　小屋停滞　谷の中寒気流入

今日は年度初めらしい。それ自体がエイプリルフールみたいだ。電波が入らないので誰にも嘘はつけない。いや、自分になら可能か。

今日は小屋で停滞だと決め込んでいたので明るくなってから起きる。二階から少し外を覗くと吹雪いている。これはツイているということで良いのだろうか。小屋に着いた日の翌日が晴れ予報だとおちおち停滞もしていられないだろうが、ここまでピヤシリ、天塩、ヒサゴと小屋に着いた翌日は見事に悪天候だ。先の予報を見て行動予定を決めているので必ずしも偶然というわけではないが、流れは良いと言っていい気がする。

そういえばここまで当たり前だった甲子園と相撲は気づけば終わってしまった。今朝まで物凄く気分が良かったはずなのに、小屋が強風できしむたび、気持ちが落ち込んでくる。そしてここに来て食欲が抑えられなくなってきた。天塩岳避難小屋の第二のデポで回収した4／2までの分の行動食を今日食べきってしまった。

なぜここに来てなのかはよく分からない。1ヶ月を越えてこれ以上燃焼できる脂肪がなくなってしまったのだろうか、標高が高い分気温が低く基礎消費カロリーが増えてきたか。いずれにしても食料事情が精神面に及ぼす影響はとてつもなく大きい。腹が減っているというだけですべてが不安になり余裕がなくなる。どうすればよいのかは分からない。ガスと紅茶だけは十分あるから砂糖を節約して水分でごまかすしかないか。

急に先行きが不安になってきた。座るとお尻が痛い。お尻の肉も減っているのに違いない。明日は晴れてくれたらいい。風が弱ければいい。こういう時はとことんネガティブになるのも一つの手か。

今年の札幌の桜は4／26開花の予報だという。そのとき僕はどこにいるのだろうか。

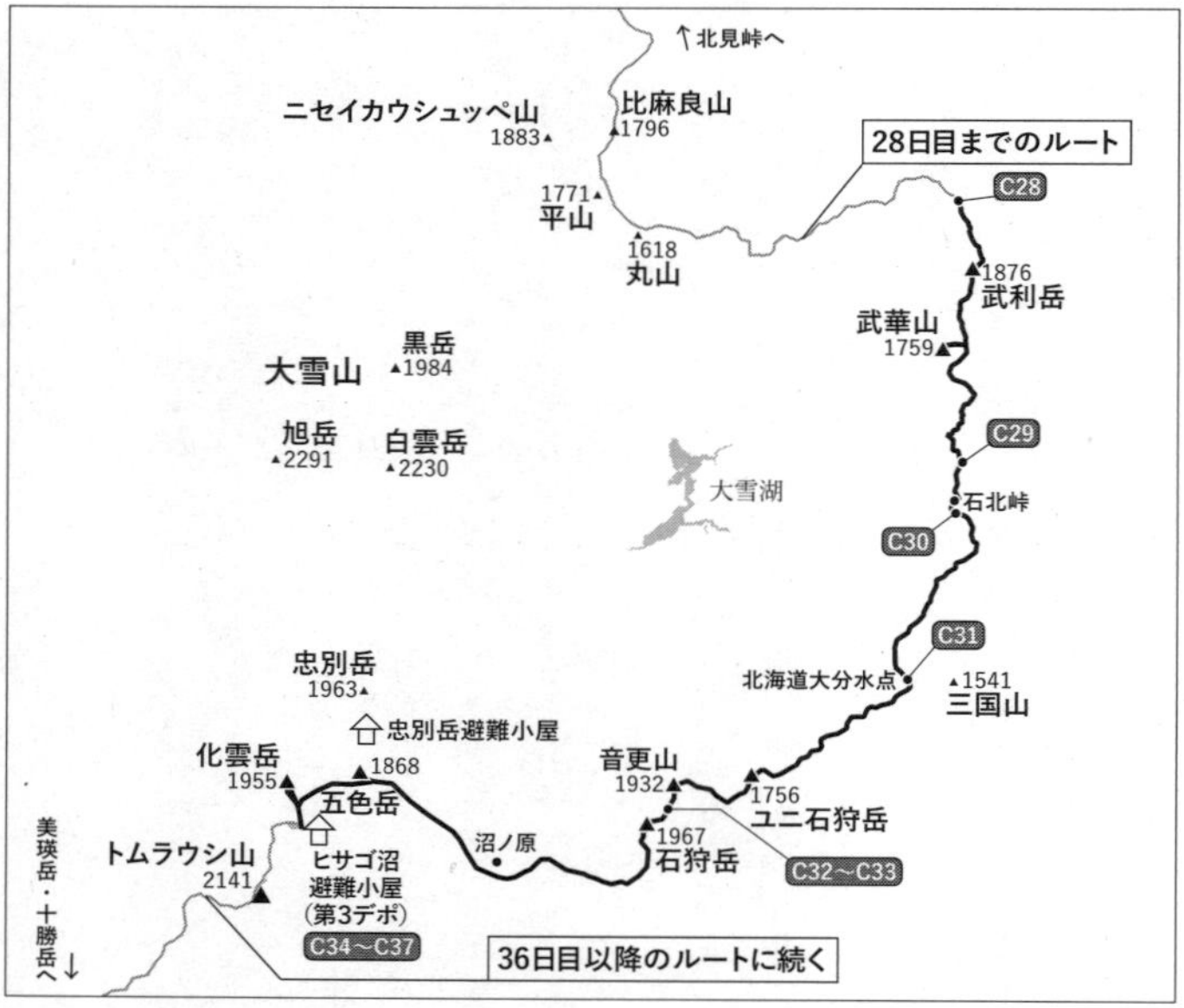

29日目から35日目の足跡

4／2

吹雪　ホワイトアウト　朝出発するも引き返し　停滞　高気圧の張り出し…

風の音がするが、予定通り5時過ぎに小屋を出る。しかし、15分も歩きヒサゴ沼のふちまで来ると完全にホワイトアウトしてしまった。振り返ると今さっきのトレースが見る見るうちに消え失せ、恐ろしくなってしまった。このまま進んでは間違いなく遭難してしまうので、迷うことなく小屋へ引き返す。6時前に戻りラジオをつけると「本州方面から高気圧が張り出し、全道的に日差しに恵まれるでしょう。降水確率は10％未満です…」。ここは北海道ではないのだろうか。もうエイプリルフールは終わったはずだけれど…。

燃料には比較的余裕があるのが心の支えだ。とは言っても、暖房にずっと使うような量があるはずはなく、余分な食料もないので、シュラフに包まってただ時が過ぎるのをひたすらにじっと待つ。寒い。

昼になっても風は収まる気配がない。だが、ラジオではしきりに道内の好天を告げている。彼らが言うには明日も晴れるらしいが期待してよいのか判断できない。小屋に入る前に見た予報では4／4が良さそうだったのは覚えている。明日以降の天気がどうなるかも分からないのに地図を広げ皮算用を繰り返す。4／8に雨の予報で週末は荒天となるらしいが、4／7までに佐幌山荘に着くことなど可能なのだろうか。あぁ、考えても仕方がない。今日はもう停滞で仕方がないが、明日も停滞だと一層厳しくなる、と思わずにはいられない。

夕方になっても風雪は回復の兆しを一切見せず、むしろ勢いを増すばかりだ。食べ物が、水が、ストーブがあればいくらでも待つのだけれど、願ったところでそんなものはもちろん出てこない。なけなしの柿ピーナッツを30秒に1粒ペースで口に運ぶ。何かしていないと落ち着かない。明日でこの小屋にいるのも4日目だ。斜面を5分も登ればスマートフォンの電波が入るのだけれど、この風雪ではそれも一苦労どころではない。この絶妙に世間から〝のけもの〟にされている感覚はなんだ。手が届きそうでギリギリ届かない〝日常〟。世の中から隔絶されて、初めて分かる俗世へ依存する哀れな僕。やはり山だけでは生きられそうにない。だからと言って勇んで社会の歯車になることを嫌い、山の道へ迷い込んだ僕。光はどこにあるのか。太陽よ、顔を見せてくれ。

単独行は響きも中身もカッコいいけれど、その分過酷で辛い。僕はきっと、誰かと行く山の方が好きだ。ではなぜ独りで山へ向かうのか。やっぱり強くなりたいのだ。ただ漠然と強い山屋になりたいのだ。この世界で生き抜くだけの力と自信がほしいのだ。なのに、山に深く分け入るほどに自分の弱さばかりが見えてくる。山は、特別なふるまいをしているわけではない。至っていつも通りだ。僕だって…。僕だって…。

もう1ヶ月以上、毎日のルーティーンとなっている、雪から水を作り、茶を沸かす。一定の作業を無意識に繰り返すことは精神衛生上効果があるようだ。温かい液体が冷え切った五臓六腑に染み渡る。

4／3
地吹雪　降雪はなさそう　ホワイトアウト　夕方青空

外の様子を確認するために4時に起きる。風の音がものすごいのでシュラフから出ることなくもう一度寝る。次に気づいたのは7時だった。慌てて外を覗くが、何も変わっていない。絶望感に打ちひしがれる。今日もやはり厳しそうだ。三色ボールペンの黒が無くなってしまったのでここからは青で書くことにする。といっても書くことが無い。やるべきこともない。ただ無為に時間が過ぎるのを願うことしかない。不安だ。不安だ。

15時、依然風は強く地吹雪が激しいが、上空には青空が見えてきた。僕の心も晴れ渡る。まだ風の音が轟いている。その勢いで昨日の降雪も吹き飛ばしてくれ。

快晴のトムラウシ山を心に描く。この停滞明けの大雪山はどれほど美しいのだろう。

ひょっとしたら直視できないかもしれない。それでも良い。早く明日になってほしい。

もう昨日の感情など嘘のように、気持ちが前向きになっている。不安が無いと言えば嘘になる。だけれど、そんなもの忘れてしまうくらいに明日が待ち遠しい。明日はいまの僕に出せる精一杯を目指そう。山に正面から、素直に向き合えることが幸せだ。この感覚はきっと、家のこたつで悪天候をやり過ごし、晴れた日だけ山に登ることでは決して得られない貴重で尊い経験だ。そんな他の誰にも真似できないような山登りが出来つつあることを、光栄で幸運で誇りに思う。ここまでずっと、いつまでにどこに辿り着きたいという思いが常に頭の片隅に付きまとっていたが、そんなことはどうでも良くなってきた。ただひたすらに、美しい峰々を闊歩したい、その想いだけだ。いまソワソワと地図を広げている皮算用は、自分の欲に忠実に、ワクワクが収まりきらないだけなのだ。これまでの皮算用とはわけが違う。

この数日を経たさきには一皮むけた自分が待っている気がする。楽しみだ。今日は上手く眠れないかもしれない。原因は昼寝ではない。舞い上がってなんてことのないミスをするのだけは気を付けよう。あぁ、あぁ、今のこの気持ちを十分に言葉にすることが出来ない。

4／4
終日快晴　そよ風　3：30～14：45

寝ている間、風の音がするが、できるだけ気にしないようにする。2時に起きると風は少しおさまった気がする。再パッキングして4日間お世話になった小屋を後にする。暗い中でも晴れていることが良く分かる。うっすらと地形が見えるので迷う心配はなさそうだ。北沼の手前で空が白み始める。東の空が段々と紅に染まり、石狩稜線のシルエットが浮かび上がる。一方、西の空では星がまだ瞬いている。なんて贅沢な時間だろう。やがて音更山と石狩岳山頂の間から太陽がのぞき、波打って凍った北沼をピンク色に染めてゆく。あぁなんて…。筆舌に尽くし難い。夏の登山道が通っている迂回ルートで南沼キャンプ指定地へ出て、空身でトムラウシ山頂へと登る。冷蔵庫大のシュカブラを蹴り壊して山頂標識を出す。幸せってこういうことを言うのだよ。

快調に三川台へ降りる。全て見渡せるので、豪快に斜面をショートカットしてツリガネ方面へと滑る。快速を飛ばしてコスマヌプリを越えて、オプタテシケ直下へ出た。まだ10時半だ。ここからは標高差600mの急な直登だ。さすがにペースが落ちて、足が疲れてきた。12：15オプタテシケ山山頂。直前に山頂に人を見たが、僕に気づくことなく先に降りてしまった。山頂からは大雪山が全て見える。やっぱこれだよ。十勝連峰の最南端である下ホロカメットク山が少し近くなってきた。

　この先もアイゼンが小気味よく利く快適な稜線歩きで胸躍る。さすがに疲れてきたころに美瑛富士小屋が見えた。屋根以外は全て雪で埋まっている。美瑛富士へのトラバースの途中で大胆にもテントを張る。

　本当に気分のよい一日だった。明日もこの調子で行きたいところだ。こういう日は何も思い悩むことがない。こういう生き方がしたい。幸せだ。飯が美味い。ピーナッツが美味い。紅茶が美味い。

　青空がオレンジ色に変わってきた。今日が終わってしまうのだ。でもやり残したことはない。今日は良く眠れそうだ。

4月4日、停滞明けのトムラウシ山

4／5

晴れ　朝は少しもや　日中は暖かい　5：30～13：40

なぜか全く眠れなかった。いま思えば浮かれていたのかもしれない。日の出前のパッキング中に事は起きた。テントからポールを抜き、3秒ほど目を離した隙にテントポールは忽然と視界から消えてしまった。消えたことが信じられなかったが、よく見るとほんのうっすらと雪面にポールが滑った跡が残っていた。…。我を忘れて、気づいたらカリッカリの斜面を駆け下りていた。カリカリの斜面は標高差500m以上も続いており、とても見つかる気はしなかった。失意の中500mを登り返してテント場に戻り、現状を確認する。無くなったのはテントポール1本。風のない樹林帯であればポール1本と張り綱とスキー2本で何とか立てられると思う。

いよいよ泥臭い計画になってきてしまった。昨日と同じくらい天気が良いのに、いや、良いからかもしれないが今日のルートのことをよく覚えていない。どうすればポール1本で佐幌山荘に行けるだろうかとばかり考えていた。昨日の疲れから体が重い。ペースが一向に上がらない。下ホロカメットク山の北側のコルで13：30だ。なんとか日没までには山頂を越えられるかもしれないが、この疲労とテント不備で無茶はすべきではないと判断し、今日はここまでとする。思った通り、ポール1本とスキー2本で張り綱を上手く使ってテントを立てられてホッとする。

　装備の不備がたくさん出てきてしまっていることは問題だが、体が疲れ切っていることの方が深刻かもしれない。午後に、フラついてアイゼンでオーバーズボンを盛大に破いてしまった。集中力が全体的に足りなくなってきている。

　山荘まで辿り着けたら余りの日程は天候によらず休養停滞としよう。ひょっとしたらもっと休養が必要かもしれない。まずは山荘に無事に行かなくてはならない。それから装備も直さなくてはならない。あぁ、サポートなしで縦断したい、

テントポールを紛失し、残る1本だけでテントを立てる

だなんて言っていた頃が懐かしい。

4／6
朝　曇り　昼前から霧雨　サハリンからの寒冷前線通過　5：20～10：45

樹林に守られて穏やかな朝を迎えた。今日は良く眠れたので気分が良い。斜面は朝だと言うのに中途半端に表面だけクラストしていて、とても登りづらい。山頂直下で風が出てくるが想定していたほどは悪化しなかった。山頂に着いたときは真っ白で何も見えなかったが、下りようとすると晴れてくれた。嬉しい。これにて石狩山地ラストピークだ。お世話になりました。

樹林帯に入ってスキーに替え、一気に滑り下りる。ガスの下に出たと思ったら下ホロカメットク山の山頂も晴れていた。まだ8時だけれど、もう体が怠い。やはりこの疲労は深刻だ。心に体がついてこないなんてこれまで登山をしていて身に覚えがない。

この先はうっそうとした森の中を進む。目標物がなく、どこにいるのかよく分からない。巨木だらけで見通せないのでコンパス頼りだ。分水嶺を進みたいのだから、沢を避ければ良いのだ。言葉で言うのは容易いがここではそれが難しい。

テントを張り終えると、パラパラと雨が降ってきた。今日もポールは1本だ。

ようやくここまで来ることができた。途方もない長距離も40日を積み重ねればこれだけ進めるのだ。まだ最終デポ地点の佐幌山荘に着いていないが、感慨にふける。振り返れば、石狩山地は苦難の連続だった。我ながらよく乗り越えられたと思う。その分色々とガタはきているけれど、充実感もひとしおだ。

まだ長大なラスボスが残っている。この先こそ、僕の本当の実力と粘り強さが試されるだろう。乗り越えた先には何が見えるのだろう。今は期待より不安の方が圧倒的に大きい。

4／7

晴れ　高曇り　ここ数日の中では風が冷たい　5：30〜12：30

3：30に目覚ましをかけたが、4：00まで二度寝してしまった。段々と意志が弱くなってきている。森は意外と疎林で太陽が明るい。木もれ日に照らされながら気分よく進む。昨日の区間よりは地形が分かるがやはり難しい。一度沢型の反対側に入りそうになったが、間一髪で気づくことができた。

そういえば標高が1000mを下回ったのは、2週間前の北見峠以来らしい。石狩山地の雪の台地にいる間にも、季節は着実に進んでいる。

　向かう先に佐幌山荘が見えて思わず頬が緩む。本当に辿り着いたのだ。今年2月にデポしに来たとき、いや、昨年のデポで初めて来たときには、この山荘に着く想像ができなかった。誇らしくなる。色々とボロボロになり、運が良かった部分が多くある。それでも昨年の惨敗に懲りずに翌年再チャレンジしたことで呼び込めた運なのかもしれないと思うのだ。

　快適な山荘だ。薪ストーブがあり、暖かいのが何より良い。小屋全体の6割くらいが雪で覆われているので中は薄暗いが、

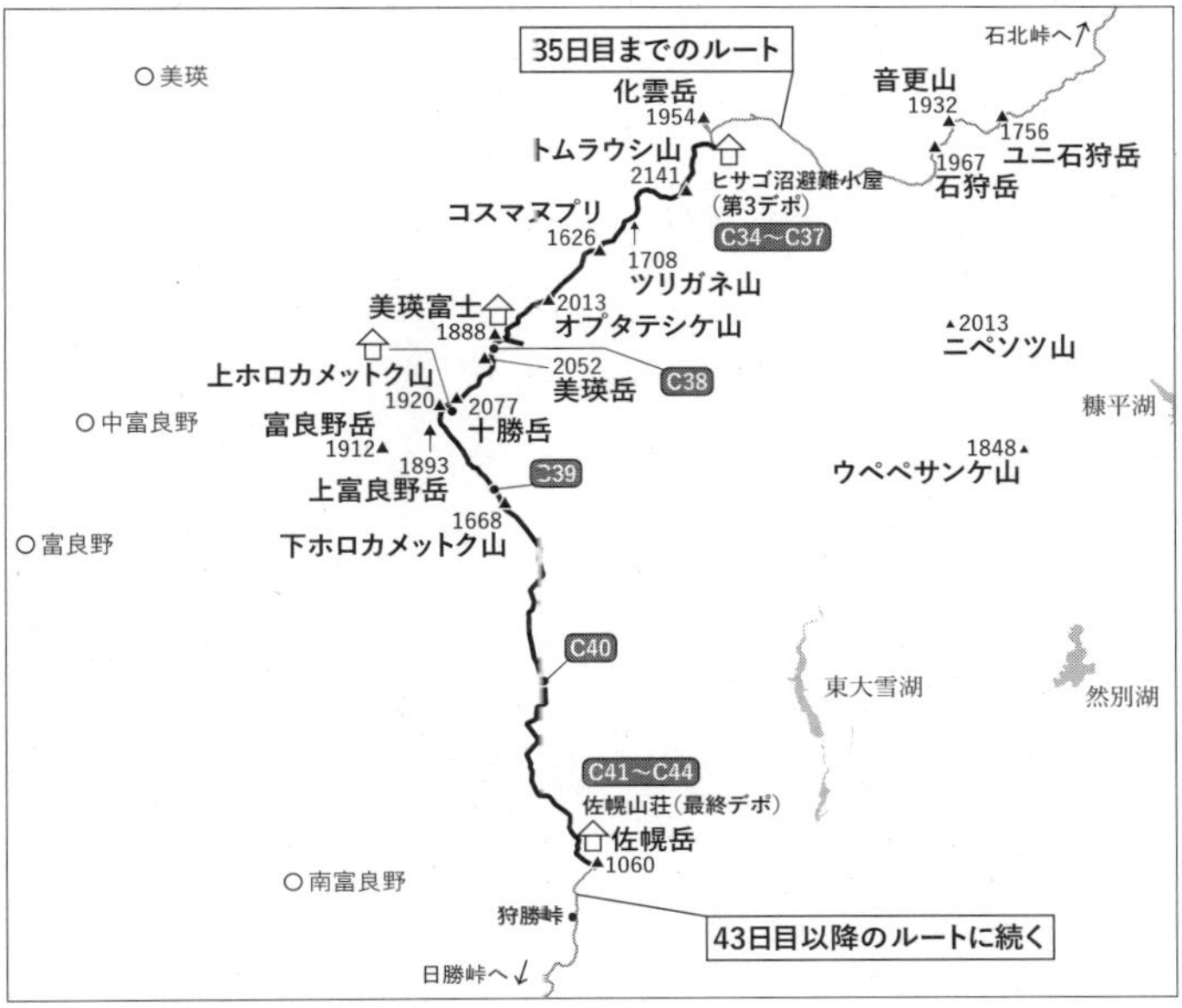

35日目から43日目の足跡

誰かが窓を1つ掘り出してくれているのでそこから十分に明かりが入ってくる。小屋のノートを開くと、先月ストーブの煙突も修理されたらしい。つくづく人の温かさを感じる。単独だけど孤独ではない。これはすごい事実だ。独りでいても、孤独でさえなければ不安にならなくて済む。これ以上に幸せなことはない。

薄々気づいていたけれど、自分の体から獣のような臭いがする。帽子を脱ぐと髪はベタベタに脂ぎっている。少し顔をこするとごっそりとアカがとれる。これから日高に行こうとしているのだから、我ながら呆れてしまう。体のことも、先の天気も、心配事は尽きないけれど、とりあえずしっかり充電することに専念し

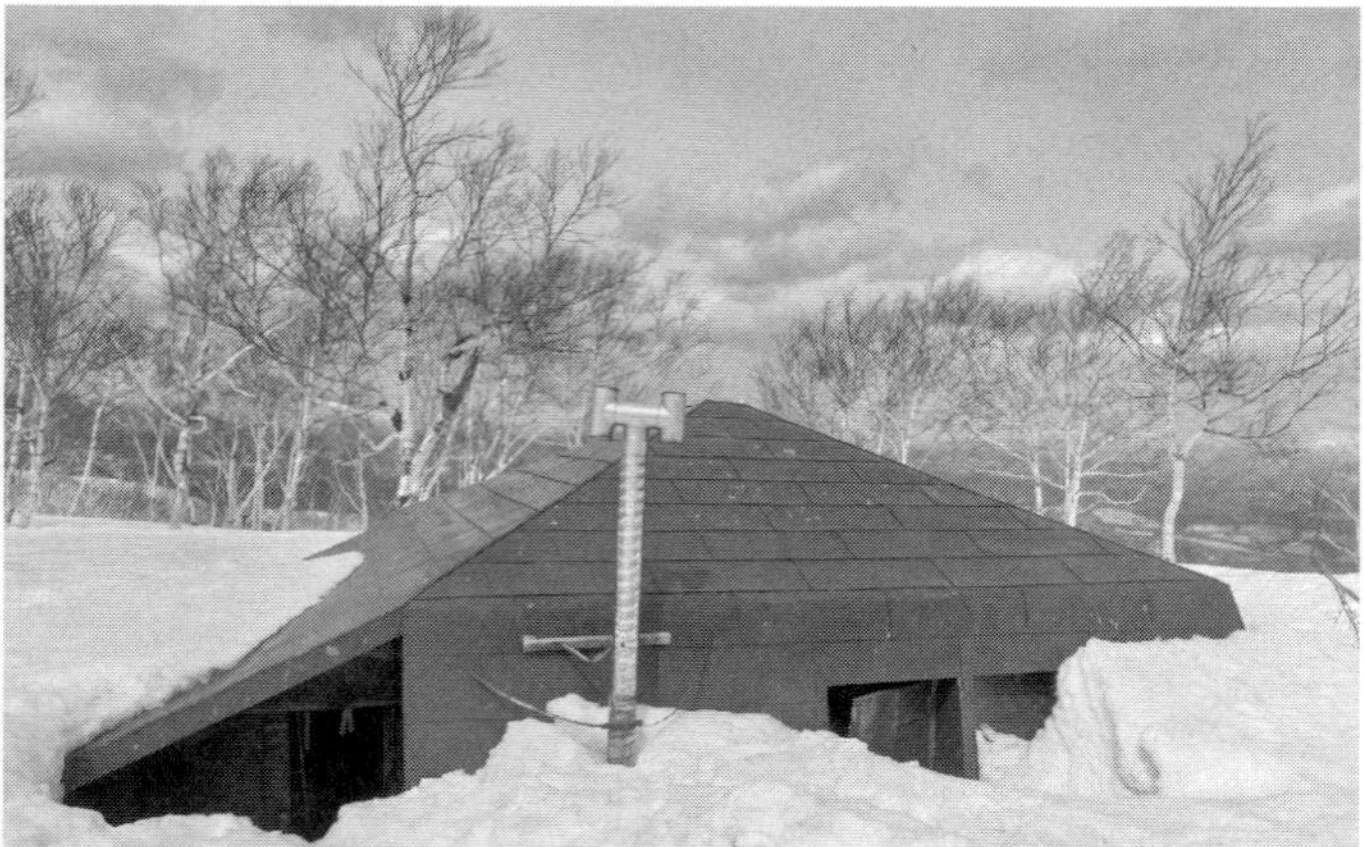

第4デポ地点である佐幌山荘

よう。明日のことは明日考える。先輩の石橋仁さんも言っていた言葉を思い出す。「今日できることは明日もできる！」

あー、まずい事態が起きてしまった。野鼠にデポバッグがかじり開けられてしまったようで、チョコや柿ピー、フルグラが散乱している。心も体も休まる暇がない。仕方がないのでネズミ被害状況を確認する。

ストックの破損×2といい、湿雪でズブ濡れになったときといい、暴風雪で小屋に閉じ込められても、テントポールが1本無くなっても、山荘のデポ食料が食い散らかされても。

その瞬間は本当に血の気が引いたように頭が真っ白になり、すぐには上手く整理できないのだけれど、1~2時間経てばまぁ何とかするしかないと思えるようになってきている。なってきているというよりも、ならざるを得ないだけかもしれないけれど。

結局のところ、一瞬で窮地に陥るような大ミスをしない限り死ぬことは無い（多少の例外はある）。それは、連絡すれば誰かが助けてくれる状況にあるという意識が少なからずあるということに気づいてしまった。それではきっと実際のサポートの有無によらず、その意識を持てることそのものがサポートなのだ。その意味でこの計画は最初からノンサポートではない。角幡唯介氏がGPSを持たずに極夜を旅して、小屋のデポを白熊に荒らされ、連日のブリザードに閉じ込められ、連れていた犬（ウヤミリック！）を殺して食う覚悟までしたあのハプニング、あれこそノンサポートの恐ろしさだ。（どこまで本当に覚悟したのかは知らないけれど）

その意味で今の僕は甘っちょろい。せいぜいネズミが這いまわる音で寝られないくらいでグダグダぬかすな。大丈夫。これ以上状況が悪くなることはなさそうだ。なったとしてもたぶん死にはしない。

とりあえず、どうしてもかじられると困る道具と食料はザックに入れて外に出したり天井に吊るしたりしてみた。ラジオを付けるとネズミは近づいてこられないらしい。ラジオを盾に部屋の隅で眠れるだろうか。

そういえば学生時代の冬合宿で雪に埋めていたご馳走をキツネに食われたことを思い出した。

4／8
朝は吹雪　昼から晴れ　風あり　小屋停滞

かわいいネズちゃんがひっきりなしに這いずり回り、ガリガリと何かをかじっている音で何とも落ち着かない夜を過ごす。仕方ないので寝るのは諦めて食料の整理を続け、明日以降の作戦を考えて朝が来るのを待つ。ラジオを付けると近づいて来なくなる気がするが、ラジオの音で僕がネズミの気配に気づけなくなっただけかもしれない。日も跨いでしばらくするとどうしても起きていられなくなり、気づいたらラジオを付けたまま寝落ちしていた。

夜行性のネズミは明るくなるとやはり活動はしないらしく、こちらも心中穏やかに過ごすことができる。明日、不足する食料を札幌から優子が補充しに上がってきてくれることになった。つくづく人に恵まれている。ありがたい。

もう一度寝る。今度は心配なく熟睡することが出来た。昼飯を食ってまた長い昼寝をする。気づいたら日が暮れていた。

さぁ、今日も夜がやってきた。このために昼に寝ておいたのだ。日記を書いたり、装備の修理や整理をしたり、その間もガサゴソとデポバッグに出入りする音が響く。平気で僕の目の前を走り回り、ごちそうさまと言わんばかりに貪っている。本当になめていやがる。捕まえたらブチ◯してやりたい。

小屋に着く前に盛大に破いてしまったオーバーズボンを針と糸で縫い合わせる。1時間くらいかかってしまったが、何もやることがないよりは心をごまかせる。さすがの不器用さを発揮し何とも不格好だが、いつ振りか分からない裁縫にしてはよくできた。

ネズちゃんは相変わらずデポバッグを貪っているが、バッグを小屋の入り口側に置いたので、奥にいる僕の方には来る理由がなくなったようだ。デポバッグが囮となってしまいなんとも悔しいが、昨日よりは落ち着いて過ごせそうで安心する。

日高山脈のための英気を養う停滞のはずだったけれど、これは休まっているのだろうか。精神面はともかく、身体面では休養にはなっていると思うしかない。

思い出したように全身をマッサージする。腰とふくらはぎがパンパンに張っていた。

4／9
風あり　晴れ　夜に雨　小屋停滞

しっかり寝たかったのだが3時に目が覚める。やつの音だ。仕方ないので暗いうちから朝飯を食らう。明るくなるころ、活動が大人しくなってそれに合わせて僕も眠ってしまった。

ガタゴト音で目が覚める。あいつにしては音が大きい、と寝ぼけていたら優子だった。失礼しました。ありがとうございます。補充食料を受け取り、たわいない話をする。そういうとそっけないけれど、とても和む時間だった。撮影に上がってきてくださった田

辺さんに

「残った分で行けるところまでとは考えなかったのか」

と話を振られる。確かにそういう考え方もあって良いはずだ。少なくともノンサポートを謳うのであればこの考え方の方が自然だ。サポートを受けずにここまで来ていたら、僕もその考えに至ったかもしれない。けれどその段階はとうに過ぎてしまった。僕はもうサポートを受けすぎてしまっている。石北峠で修理道具を受け取ったのはもちろんのこと、いつかの日記にも書いた、避難小屋をたくさん利用していること、林道に逃げていること、モービルトレース、スキートレースｅｔｃ…。それに多くの区間でスマートフォンの電波が入ることも精神面でとてつもないサポートだと言って間違いない。この環境が絶たれたときに僕のメンタルが同様でいられる保証はない。

だがこれらを全てシャットアウト出来るほど僕は意志もこだわりも強く持てないのだ。何が正しいかというのは自分が納得することとほぼイコールに近い。けれど、本当に自分が納得できているかは、正直なところ自分でも良く分からない。納得と妥協の壁は薄く、それでいてとても大きなものに感じられる。納得と言い訳して妥協を許していないか。自由とは自分に厳しくなくては成り立たない。

夕方までは晴れていたが、18時頃から雨となる。この何とも鬱屈とした気持ちごときれいに洗い流してくれないものか。

雨音と風音でやつらの動きが良く分からない。もうこの小屋では本当に快適には過ごすことが出来ないのだと悟る。一日早めて明日出発しようかと思うけれど、体の回復が最優先だ。なんといっても僕は単純なので小屋を出ればきっと気分も晴れるはずだ。

4／10

明け方まで雨　朝から晴れ　今日も夕立　小屋停滞

夜は風雨が激しかったが、朝になると穏やかになった。

いよいよ明日再開だ。いよいよ最終章だ。まだ最後というには長すぎる気もするけれど。体が回復しているのかよく分からない。楽になった気がするけれど、1日歩いたら元に戻る気もする。

出発より重くなるだろうパッキングも不安だ。雨予報が続いているのも不安だ。不安を上げだしたらキリがない。けれど気持ちは高まってきている。

今さらだけれど、分水嶺とは何なのだろう。この雪は日本海に、この雪は太平洋になどと思っていたが、よく考えてみれば見えている表面の雪は解けて川に流れる前に蒸発して雲になるのではないだろうか。実はそのまま、またここに雪として積もるなどということもあるかもしれない。それはそれで面白いしロマンがある。それ以前にこの先は厳密には右も左も太平洋になるのだから気にしても仕方がないか。

いよいよ明日から3週間で全てが終わる。どんな結末になるのだろう。ワクワクする余裕はない。柄にもなく緊張している。日高山脈とはやはりそういう場所だ。

晴れてほしい。雨が降らないでほしい。風が弱くあってほしい。雪が締まっていてほしい。楽しく幸せな日高にしたい。そのためにはスパイスも必要か。いやきっと、僕は甘党だ。

これで日記は終わるつもりだったのだけれど、寝る前のラジオで衝撃を受ける。千葉ロッテの佐々木朗希投手が28年ぶりの完全試合を達成したという。しかも13者連続奪三振の日本記録（これまでは9者連続が最高。聞き間違いかと思った）に19奪三振の日本タイ記録…。

すさまじい。圧倒的だ。やはり目指すべきはこういう境地だ。泥臭くても良いと言ったけれど、結果的に泥臭くなってしまうのと、最初から泥臭くても良いと思っているのとでは文字通り雲泥の差があるに違いない。装備の不備がなく、体調も万全で、事故無くケガ無く山から帰る。当然そこを目指すべきだ。僕は何か勘違いしていたのかもしれない。

さぁ、心は決まった。僕の山を表現しよう。日高様、しばらくお邪魔します。お手柔らかにお願いします。

四　日高山脈へ

4／11
雲海。峠は霧雨のち晴れ　4：30〜14：00

3時に起きる。飯を食って、小屋の掃除をして、今計画最重量のパッキングを済ませる。想像通りの重さで推定45kgだ。ザックに入りきらず少しはみ出してしまったが、なんとか収まって一安心だ。4日間お世話になったネズミーランドを出る。

外は雲海になっていて進む稜線以外が雲の中に消えていて、なんとも夢のような風景だ。唯一、雲の上に出ている稜線をひた下る。峠の手前で雲の中に吸い込まれると霧雨が降っていた。うつつに引き戻されたように田辺さん三好さんのもとへと降り、最後のバッテリー交換を済ませる。本当にありがとうございます。別れの言葉は「襟裳で会いましょう」。良い響きだ。少し登るとまた雲の上に出る。朝ほどの感動はもうなかった。

オダッシュ山の手前に14時前に着く。このまま頑張れば今日中に越えられないこともないが、まだこの先も長い。無理するところではないと思い、少し早いがテントを張る。

日没までののんびりと流れる時間が好きだ。ぼんやりと地図を眺め、明日の山々を妄想する。温かい紅茶をすすりながらかじる板チョコは至福の味がする。

長期縦走で大切なのは敏感力と鈍感力なのではないか。天気の悪い日に、手が冷たくなり感覚がなくなる前に敏感に察して手袋を替える必要がある一方で、汗や湿雪で体がぬれても気にせず眠れる鈍感さも必要だ。鈍感力に関しては、僕は不快耐性と呼ぶこともあるけれど、僕は

狩勝峠と日勝峠の間にあるオダッシュ山。帯広の街は雲海の中だ

この能力にはどうやら自信があると言って良さそうだ。あともう一つ、単純さというか、根拠のないポジティブさも重要だと思う。本当に今日はここで行動を止めて良かったのだろうか。今日もっと頑張っておいた方が良かったのでは、なんて思うこともあるけれど、大丈夫これで問題ない、と思えることが大切だ。
何といっても間違いない事実が1つある。明日のザックは今日より軽い。

4／12
雲海。晴れ。風あり。ぬるい。午後から曇り。4：00〜12：50
暖かく、今までで一番薄着で寝られた。オダッシュ山には立派な看板があった。
何といってもザックが重い。やはり体は回復できてはいないようだ。
あわよくばペケレベツ岳までなどという浅はかな考えはとうに消え失せ、峠でテントを張る気満々だ。
この先しばらくはそれなりに天気が良さそうなのが嬉しいところ。
佐幌岳での停滞を境に、山はすっかり春になってしまったようだ。嬉しいような寂しいような不思議な気持ちになる。明日はまた少し冷えるようだけれど、どうかもう少し、雪よ解けないでおくれ。雪は僕の計画の生命線だ。たっぷりの雪がしっかり締まっていてほしいのだよ。今日は何度か仕方なく笹の上を歩いた。これはきっと僕のしたいことじゃない。

あぁ楽しい稜線歩きがしたい。一日の終わりに寝るのが名残惜しいような、そんな夜が待ち遠しい。

4／13
終日雨。霧雨ｏｒしとしと雨。ｓｔａｙ

予報では午前中は雨だが3時に起きる。外を見るまでもなく雨の音が響き、ものの3秒で再びシュラフに潜り込む。4時、5時と一応起きるが全く同じ動きを繰り返す。

9時半、今日出発するならそろそろリミットだが、霧雨は止む気配がない。歩けばすぐにずぶ濡れの雨ではないがペケレベツ岳山頂付近もこの程度の雨で済む保証はない。停滞濃厚か。11時、少し止む気配が出てきた。だが今度は、僕の方に出発する気力がない。

12時を過ぎて、13時になろうかというタイミングで、とどめのもう一降りが来る。これで気兼ねなく停滞できる。今日のアルファ米に水を注ぎ、一気にまったりモードとなる。10時の時点でほぼ確定していたのに、ここまで決断できない心の弱さがもどかしい。

停滞というのは本当に暇だ。水分は足りているのに余分に紅茶をわかし、口寂しさと空腹をごまかす。時間があると無駄な考え事が増える。カムエクは…、ペテガリは…。

風がおさまって、雨音の狭間に大型トラックが峠を越える音が聞こえてくる。国道274号の日勝峠は昭和40年に開通して以来、日高側と十勝側を結ぶ主要道路だ。4年前の胆振東部地震では清水側の橋が崩落し、しばらく不通となり流通に大きな被害があった。人の気配を感じられる峠は、この旅の中でもう何度となく渡ってきたが、その度に少し、気持ちが安らぐ感じがする。街が近いという漠然とした安心感だと思うのだけれど、山深くないことで不満も少しある。山に入り浸りたい僕にとって人の気配は不要で、むしろ邪魔なのだ。少なくとも出発前は迷うことなくそう考えていた。ここまで1ヶ月半、山にもまれ、人の温かさにふれるうちに僕は丸くなってしまったのかもしれない。顔も知らない、そもそももう生きていないであろう人々が残した人智に助けられて、ここまで旅をつなげられてきたのだ。心持ちが変わるのも無理はないのだろう。ここからはそういった支えは得られなさそうな原始的な峰々が続く。厳しさは一層増すだろう。僕一人で。あぁ不安だ。

夕方になってもまだ雨はしとしと降り続いている。そうだった、僕の心は天気とリンクしているのだ。だとすればいま不安を感じるのも当然だ。明日晴れれば大丈夫だ。

どこかの日記にも書いたけれど、昨年の大雪山系旭岳スキー撮影でご一緒させていただいたテレマークスキーヤー石橋さんが言っていた言葉が今でも心に残っている。
「世の人は、明日やろうはバカやろう、なんて言うけれど、オレから言わせれば、今日できることは明日もできる、だからね！」

4／14

雲海。海の上に出たり潜ったり。風は弱い。4：20～13：20

久しぶりにピシッと冷えた朝だ。ペケレベツ岳山頂までザックが重い以外は順調に登る。山頂からは、雲海から顔を出す十勝連峰、トムラウシ山、石狩岳と、1800mより上が晴れているようだ。

そういえば3年と1ヶ月前の今日、初めての日高全山縦走に出発したんだった。今回は前回より1ヶ月遅いので雪量は少ないが、1ヶ月遅いとは思えないほど雪が多い。昨年この計画に挑戦した際は、雪の少なさが心配になるくらいだったから、今回は雪量に恵まれていると言って良いだろう。

5分くらいで目標のテント場というところでズボりと盛大に雪の穴にはまる。それ自体はもう何十回、何百回と繰り返してきたのだが、今回はあろうことか反対の足のスノーシューが軸足に引っかかってしまった。まずいと思ったときにはもう体重がかかってしまい、またしても盛大にオーバーズボンが破けてしまった。あーあ。裁縫タイム30分。前回と同じくらい大きい穴だったが、前回の半分の時間でできた。成長している。

風のない快適なテント場だ。それなりには予定通りのはずなのだけれど、どうにも落ち着かないこの感覚はなんだろう。やはりこれが日高山脈なのだ。モヤモヤとした気持ちを熱い紅茶で流し込む。いや、流れ切っていない。

4／15
ガスのち高曇り　風はほぼなし　3：50～13：15

ルベシベ山の手前でようやくガスが少し抜け、山並みが見えるようになった。ここで気づく。この先のようやく日高らしい稜線が見えた時に一気に元気が出たのだ。

昨日感じた得体の知れない不安の正体が少し分かったような気がする。3年前、あの、向こう見ずでがむしゃらに日高に飛び込んでいった自分といまの自分を比べてしまっていたのだ。あの時より少し賢くなって、その分臆病になった僕。行程を理解して、計算して食料を用意し、アクシデントに備えて様々な装備が増えた。新しく優秀な装備を身につけ、3年前から同じものと言えば、ジェットボイルとラジオ、あとはパンツくらいだ。時期の問題だってある。３年前は３月だった。あのときよりも気温に恵まれ、雪質に恵まれ、なのにあのときと同じテント場までしか進めなかった。３年前から何ひとつ進歩していないように感じられ、むしろストイックさやハングリー精神が減った分、退化したと幻滅したのだ。もちろん、これまで40何日縦走を続けてきているわけなので、日高山脈のためだけに準備していたあのときとは体のコンディションがまるで違う。それは分かっているが、これだけ条件に恵まれているのに疲れを理由に同じテント場に納得し、妥協してしまった自分が受け入れられなかったのだろう。

３年前はいまだったら必要だと思うものを十分に持たず、食料はそれまでの経験から適当に用意していた。それでもボロボロになりながら襟裳岬に辿り着いたあの日の僕と同じことをこれからもう一度出来るのか、という不安とも言えるかもしれない。

24歳の僕に恥じない27歳でありたい。あの日の僕に成長している、と感じさせたい。そういう思いが心の奥深くにあるのだろう。相手は山であり自然であるから、想いに駆られて無理をしてはいけないが、何とかあの感動を越えたいと思うのだった。きっと今日の僕を３年後、30歳になった僕も振り返って見ていることだろう。情熱を燃やし、今も山に通っているだろうか。この先どんなに辛くて嫌になって逃げだしたくなったときも、この計画に一途に向き合った日々が励ましてくれる。そんな２か月にしたい。あと、

2週間、悔いのないようにやり切ろう。

　書いていて恥ずかしくなってきた。何も考えずにただ山に登り、青空に心躍っている方が楽しいような気がする。実際これまではそんな日の方が多かったのだが、僕はどうしてしまったのだろう。単独だと思考が堂々巡りになる。どうせなら何か一つくらい悟りが開けるくらいになれれば良いがそれは望み過ぎというものか。

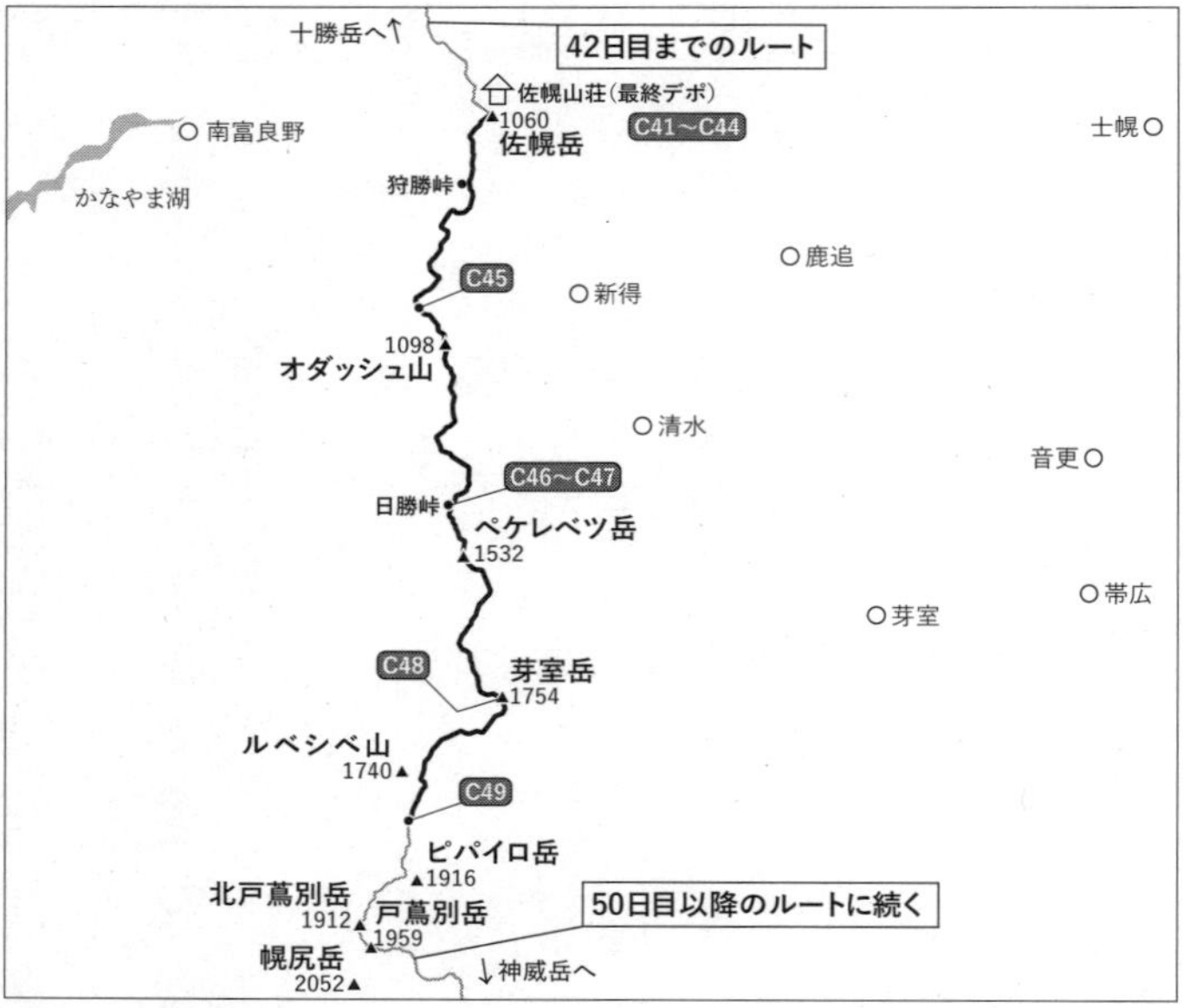

43日目から49日目の足跡

4／16
朝は雲多め　昼前から快晴　微風　3：55〜14：00

主稜線に上がると、一気に北日高のパノラマが広がった。最奥には名峰カムイエクウチカウシ山が鎮座している。日高の雄、さすがの風格だ。重荷はもちろん堪えるが、この絶景にどうして心躍らずにいられよう。

幌尻《ぽろしり》岳が美しい。トッタベツ岳山頂では快晴無風、日差しが暖かい。写真や動画を撮っていたら気づいたら30分くらい山頂にいたらしい。少し進んだ先でテントを張る。ポカポカ陽気で濡れた装備が乾かせる。今日は3／29や3／31、4／4に負けず劣らずの〝最幸〟の1日だった。

愚痴がないと書くことがない。きっとこれが正しい幸せの姿だ。段々と日記が短くなる、その方が健全なのかもしれない。

地図にC50と記す。今日で50泊目か。50泊…。もっと途方もないように感じていたけれど、塵も積もればなんとやらか。為せば成るのだ。そして、50日で踏破する計画だった昨年の無謀さを改めて考える。失敗するべくして失敗したのだろう。

それにしてもC50ってすごい。痛感するのは太陽エネルギーのありがたさだ。やはり1ヶ月前の寒さにはもう戻れないかもしれない。思えば季節は大きく進んでいる。出発したころは6時頃だった日の出は今や4時台だ。日没は1時間くらい遅くなっている。少しずつ弱りつつある僕を太陽が優しく包み込んでくれている。ありがとう。今日も幸せです。

4／17
快晴のち曇り　風強まる　3：25〜8：00

春はあけぼの。やうやう白くなりゆく山ぎは、少しあかりて…そんな朝。紫の雲はない。キリっと晴れている。今日は天候が下り坂なので早出する。ヘッドランプもいらないほどのまばゆい月明かりに照らされる幌尻岳とトッタベツ岳はさながら仲睦まじい夫婦のようだ。カムイ岳（南日高の神威《かむい》岳と区別のため北の神威はカタカナとするのが通例）までは大きな雪庇がたくさんある区間だが、今年はもうほとんど落ちてしまったようだ。3年前の苦労が嘘のことのようにぐんぐん進む。昨年、田中陽希さんの挑戦に撮影班として同行したときはルート状況があまりにも良くて「陽希さん持ってるなぁ」と思っていたが、これが4月の日高なのかもしれない。3月との違いには驚かされる。それとも僕も持っている？

北側に大きな雪崩跡があった。雪崩のデブリは谷底まで続いていてここからでは末端が確認できない。こんなに大規模な雪崩に遭遇したら僕はどう思うのだろう。人にはとても対処しきれないのは知っているが、山は怖いからもう行きたくないと思うのだろうか。幸い僕はこれまでに大きな雪崩に遭遇したことがない。だがこれは知識によって避けられているという以上に、単なる偶然に過ぎないと思う。つくづく山は恐ろしい。気を引き締めなければならない。

カムイ山頂に立つころにはエサオマントッタベツ岳にガスがかかり始めた。視界のあるうちに、上から眺められる位置で地図とにらめっこをする。あそこにテントを張るのが良さそうだと思った尾根は3年前も泊まったところだった。

まだ8時だ。早出は精神的に良い。テントを張って昼寝をして昼飯を食い終わると腹が鳴る。今日は何だか肌寒い。チョコを一欠片口に運び、ごまかすようにシュラフに潜る。

燃料に余裕があるのがありがたい。そう考えるとやはり3年前はおかしかった。日数は日勝峠《にっしょう》からではほぼ同じなのに、食料と燃料は今回の3分の2しか持っていなかった。湿雪でずぶ濡れになっても体温以外に乾かす手段は全くなく、水分も最低限しか摂れないから、小便はいつも真っ黄色だった。あんな思いはもう二度としたくないと本当に心の底から思っているのだけれど、だからこそあまりにも印象的で、ことあるごとに脳裏をかすめる。これは嫉妬なのだろうか。

4/18
明け方雪　1600より上はガスと風　停滞

4時に起きて予報を確認する。昨晩より予報が悪くなり、午後にさらに風が強まるようなので再び寝る。5時、明るくなったが明るくない。寝る。気づいたら7時半だ。上空は雲が取れて明るくなった。エサオマントッタベツ岳方面は相変わらず分厚い雲に覆われている。テント場に風が無いのは雪のブロックを積んだおかげで、実際にはそれなりに吹いている。紅茶を飲んで寝る。12時、今さら停滞を決める。チョコビスケットを紅茶とともにささやかなティータイムとしよう。

ずっとテントで寝転がっていると体が固まりそうなのでストレッチやマッサージを繰り返す。停滞中は本当に腹が減る。早く気兼ねなく腹いっぱいのごはんが食べたい。

スマートフォンの電波が入ることは確かに精神衛生上とても良い。何より下界で心配してくれている人たちに細かく連絡が取れるので、今さら持っていかないというのは出来ないと思う。けれど、山に籠る、浸る、溶け込む、という意味では不健全で没頭しきれていない感覚になることがある。志水哲也氏も

「山の面白みは文明の力の及ばないところにある、と僕は思っている」

と綴っている。その通りだと思う一方で、今は山に文明が入りすぎてしまっているのだろう。志水氏の当時（1994年、僕が生まれた年）は携帯電話の使用テストが行われ、日高山脈、大雪山、知床半島などの道内の山岳でも使用できることが確認されたころだった。そしてその後のケータイの普及を予感して

「すでにあるものをあえて持っていかないと、人の心はとかく複雑になる。便利さを嫌いつつも、目の前に便利さがあれば、それを持っていかないことがナンセンスになってしまう。そしてその便利さと引き換えに、僕らは確実に何かを失っていく」

と語っている。何かとは何なのだろうか。僕にはもう一生分からなくなってしまったものなのかもしれない。一方で志水氏も、単独では無謀だとの批判を恐れて、自分のためというより残された人のためにトランシーバーを携帯している。この辺りのジレンマを志水氏はどう乗り越えたのだろう。そして時代の流れとともにどのように考えは変わっていったのだろう。こういう話題になると必ず、角幡唯介氏が思い浮かぶ。角幡氏の考察は考えさせられるものばかりで、捉え方によっては自分の登山そのものを否定されているような気にすらなる。けれどどれも腑に落ちるもので、グルグルと心をかき混ぜられるのだ。帰ったらお二人の本を買おう。

結局のところ、自分が納得していればそれで良いのだとつくづく思う。だが、この納得という感覚が厄介で、油断すると甘えや妥協が入りこむのだ。その甘えや妥協を許容したとき、納得した気になれるのだけれど、ふとした瞬間に高校の体育教官のようにストイックな自分が現れて、あれは妥協だったとまたモヤモヤするのである。だから一つの終局点として他人の評価を求める。他人に、十分やっている、頑張っているね、と言ってもらえるとそれもまた納得した気になれるのだ。これはあくまで逃げでしかなく、根本的には何も解決していないのだけれど、心の弱い僕なんかを支えるには十分な力を持つ。

強くなりたいと出発したこの旅で、未だなんらまとまった成果は得られていない。けれどバランスを大切に、後悔しない選択をしながら精一杯を越えることを意識し続けられたなら、必ず何かを得られるといまも本気で信じている。

明日は天気が良さそうだ。天気が良ければ余計なことを考えずに山に夢中になれる。それに明日から日高の核心部だ。この旅は夢だ。いま、僕は夢の真っただ中にいる。

この夢をもうしばらく嚙み締めていきたい。

4／19
未明雪　朝から快晴　2：55～14：00

気合を入れて1時に起きるもパラパラとテントを叩く音がする。もしやと思ってテントを出ると10㎝ほど雪が積もっている。今も降っているが、これは積もるほどではなさそうだ。30分遅らせるだけで出発することにする。雪の舞う闇夜を登る。4時前には明るくなり、雪もガスも晴れてきた。月に照らされるエサオマントッタベツ岳がなんともロマンチックだ。日の出に思わず感嘆の声を上げながら急登を進む。山頂では北日高とカムイエクウチカウシ山の大パノラマだ。心配していた降雪はむしろ良いアクセントとなり、真っ白にお化粧直しした峰々が美しい。ありがとう。幸せです。アイゼンピッケルに替えると、いよいよ日高の核心部が始まったと気が引き締まる。新雪で足元の岩が隠れてしまい、バランスを取るのが難しいが、そんなことも吹き飛ぶくらいの美しさが目の前に広がっているので文句は言うまい。

田辺さんから再びフライトしたとの連絡をいただく。絶景を収めてもらえただろう。こんなに完璧な日はなかなかない。そんな日に空撮までしていただいて、僕は本当に幸せ者だ。

いよいよ山頂へ。快晴無風のカムイエクウチカウシ山に立っている。何度も登っているけれど、本当に何度来ても気持ちの良い山頂だ。

テン場からはピラミッドピーク、1823峰、コイカクシュサツナイ岳、ヤオロマップ岳、1839峰、カムエク南西稜とこれでもかというほどの中部日高の名峰が連なっている。こんなところに本当にテントを張って良かったのだろうか。幸せを噛み締める。この先は風の強い予報が続いているからこんなテント場はこれが最後かもしれない。テントにいる時間が好きだ。稜線を歩いているときはもちろん気持ち良いのだけれど、歩いてきた、あるいはこれから歩く稜線を眺めながら飲む紅茶には敵わないのではと思うほどだ。だからこそそれも含めて、今日は本当に幸せな1日だ。どうか明日も幸せでありますように。

4月19日、カムイエクウチカウシ山を下って中部日高を一望する極上のテント場

4／20
晴れ　強風　2：50〜13：10

まだ暗いうちからピラミッドピークを登る。風があり緊張する。1823峰へは雪がばっちりあり歩きやすかった。コルまで降り切ったところでガス欠してしまった。今日の分の行動食を早くも食べきってしまった。一日中風が強く消耗する。何度も休憩を挟んで、息絶え絶えでコイカクシュサツナイ岳の山頂を越える。風がとにかく強いので、休憩ポイントを探すのにも苦労する。

なんだか今日は辛かった。風と小雪に翻弄されてしまった。この先も風が強い予報が続いていて、南に進めば進むほど残雪は少なくなってゆく。憂鬱だ。そして雪が無くなってきたことは、この旅も終わりが近づいてきていることを意味している。もう少しだけ、雪よ続いてくれ。この旅を完結したいんだよ。

4／21
晴れ　北ヘリ　予報より穏やか　4：25〜14：10

風下側は穏やかで良く眠れた。連日のヘッドランプ行動につかれたので明るくなってから出る。稜線に上がるとやはり風が強い。今日も気合が必要そうだ。

ルベツネへの登りで今日もバテはじめる。体力の限界が近づいてきているように感じる。ルベツネ山頂からはペテガリ岳がカッコいい。荘厳さというべきか風格というべきか、隣のルベツネ山がかわいそうになるほどだ。ルベツネ山からの下りは雪が緩み歩きづらい。困った。疲れた体で、股まで沈むのは心底メンタルをやられる。ペテガリ岳の登りは緩んでいても素直で登りやすいのが助かる。ペテガリ岳の立派な看板が遠くから見え、頑張ろうと思えた。山頂からは南日高の峰々が一望できる。中日高を振り返ると、僕の頑張りを労うようにたくさんの山々が笑っているように見えた。山頂直下の風下斜面を30分かけてテン場設営する。それなりに快適そうだ。

今日、一気にペテガリ岳を越えられたおかげで中部日高の終わりが見えてきた。それとともにこの旅の終わりも感じずにはいられない。南日高を前に急速に雪解けが進み、山並みは一段と春らしくなってゆく。今日は道内で6~7月並みの高温になった地点もあるという。

だが、まだ旅の終わりを寂しがる余裕はない。出来るだけ意識しないようにしているけれど、僕の春ももうすぐのところまで来ているんだろうか。

チョコを一片口に含み、なかなか冷めなくなったぬるい紅茶で流し込む。

4／22
晴れ↓曇り↓雨↓晴れ↓曇り　変わりやすい天気　4：50〜14：00

たまに突風が吹く以外は無風という不思議なテント場だった。昨日の疲れが残っているので、久しぶりに3時まで寝る。起きてからも何だか体が重く、ダラダラとしてしまった。おかげで出発は5時前となり、すでに日が昇っていた。日の出より後に出るなんていつ振りだろう。心が弱くなってきている。

今日も気温が高く、出発直後から雪が緩んでいる。これはまずい。細いところもあるから、とアイゼンで粘ろうとするが、らちが明かないのでスノーシューにする。グズグズの水っぽい雪となり、靴はあっという間に濡れて、靴下が絞れるほど濡れる。まるで沢靴かというくらい水を含んでしまって相当不快だが、逆に靴ずれがましになった。どうにも体が重く、いつになく力が入らない。振り絞った力がグサグサ雪にいなされてしまうものだから、悪循環も甚だしい。

中の岳の手前の小ピークを登っただけで、ヘナヘナと座り込んでしまった。情けない。そのうちに山頂はガスに覆われ、早くも天候が悪化し始める。どうにか休憩を繰り返しながら急斜面を登る。腐った雪よりも、ヤブに覆われた踏み跡の方が幾分歩きやすい。

高山植物には悪いが、スノーシューの歯を引っかけてよじ登る。山頂からの眺めは悪かったが、下るとすぐにガスが途切れはじめる。一時的な悪化かと思っていたが、すぐ先で小雨が降り始める。次第にパラパラと強まってきたので、あまり装備を濡らすのも良くないと思い、テントのフライを被って雨宿りをする。風がほとんど無いのが救いだ。フライの

50日目から56日目の足跡

中で雨雲レーダーを確認すると、1時間ほどの弱い通り雨のようだ。防寒具を着直して耐える。ようやく止んだので再出発だ。この休憩のおかげで少しだけ回復できた。雪が少なく、ツボ足にして危なっかしい踏み跡をたどる。西側に意外と明瞭な踏み跡があって助かった。

ニシュオマナイ岳まで残り200mで雪が増えてきて、スノーシューで登る。神威岳が山頂以外見えてきた。少し下ろしたところにテントを張る。平らなところがあったのでここにしたが、風の通り道でないか心配だ。頑張って掘り下げて、雪ブロックを積んで夜に備える。テントに入ると体が楽になる。もう、一晩寝たくらいでは回復できなくなってきた。2月の出発前に、「山を日常にしたい」なんて言ったことが恥ずかしい。とても日常になどなっていない。山に浸る、夢のような時間なのに、下山後の快適な日常を夢見ている。

4／23
未明雨　朝回復　午後晴れ暴風　停滞　札幌桜開花!!

すぐ隣の尾根の向こう側では猛烈な風の音がする。テント場は良いところを選べたらしく、ほとんど風がない。夜中には雨が降りはじめ、1～3時くらいは強まる時間があった。夜中に雨が強まると、昨年の嫌な記憶がよみがえる。今回も風が強いところにテントを張っていたらひょっとしたら危なかったかもしれない。成長したのか、運が良かったのか。何はともあれ、このまま風向きが変わらないことを祈るのみだ。

雨は朝方まで降っていたが、明るくなって朝食を食べ終わったころには止んできた。昼前にはガスも少しずつ上がる。一方で風は依然としてものすごい音を上げていて、空港の窓越しにジェット機の出発を見送っているようだ。昨日積んだブロックは雨と高温でほとんど解けて崩れてしまったが、そのせいで風が吹き込む様子はない。昼を過ぎるとさらに高曇りとなり、神威岳、ソエマツ岳の山頂が姿を現してくれた。この稜線を眺めているとあの日のことを思い出さずにはいられない。あれ以降、どうすれば良かったのか何度も考えてきた。あの、ポールの折れる音、雨が吹き込んでくる音、風に虚しく煽られる弱々しいテントの音を今でも忘れない。

一年前、無様な撤退をして札幌に帰った後、ワンゲル時代の先輩が一冊の本を薦めてくれた。『世界最悪の旅』チェリー＝ガラード著、加納一郎訳。加納氏は北大山スキー部OBだそうだ。南極点初到達を争う、イギリスのスコット隊とノルウェーのアムンセン隊。スコット隊が南極に着いた時にはアムンセンの跡があった。過酷な進軍の後、さらに厳しい帰路で一人また一人と亡くなり、英国紳士の誇り高き最期には言葉を失った。

書きたいことはたくさんあるが、何より読後に感じたことは、自分の失敗などなんとちっぽけなものか、ということだった。五体満足で、連絡すれば迎えに来てくれる人がいて。いかに僕は恵まれていて、甘やかされているかが良く分かる。この本のおかげであっという間に切り替えることが出来た。

あの稜線に明日戻るのだ。そこで僕は何を感じるのだろう。大して何も感じないのかもしれない。リベンジという感覚は特にない。神威は、ソエマツは昨年と変わらずカッコいいままだ。明日はお世話になります。お手柔らかにお願いします。

4／24

晴れ　強風　尾根の西側20m／s　東側0～5m／s　3：45～14：15

昨日の夕方から見事な夕焼け、晴れとなる。停滞あるあるになった、夜眠れないやつと、放射冷却がセットになって23時に目が覚めてしまった。1時間くらい、ガスをつけたり紅茶を飲んだりしてポカポカになって寝る。これで2時まで再び眠れた。

ちなみに、これまで一度も触れてこなかったが、極度の頻尿になってしまっているので夜中に毎日2から3回小便をする。19時に寝ると大体20時半、22時、23時半と1時間半間隔で波が来る。そしてこれも書いてこなかったが、テントの中でジェットボイル（食事と兼用）に小便をして、テント本体とフライのすき間に流す。これで天気の悪い日や寒い夜もシュラフに足を入れたまま小便を済ませられる。食器と兼用なのはご愛嬌である。取る水分量を減らせば尿も減るけれど、体が回復しづらくなり、つりやすくなるのでオススメしない。これまでの平均で、食事で1・2〜1・5L、紅茶やスープで2〜2・5L、1日で3〜4Lくらいは飲んでいると思う。そんな訳で今朝も食後の紅茶を600㎖くらい飲み干す。本当は砂糖たっぷりスキムミルク大盛りが好きなのだけれど、残量が心もとなくなってきたから節約気味だ。

日の出直前の神威とソエマツは兄弟のようだ。美しい。今日はばっちり冷えているので、雪が締まって歩きやすい。気分良く神威岳へたどり着いた。ここで何を思うだろうと考えていたが、特に感慨は無かった。靴幅《くつはば》山へは自分の記憶よりも歩きやすい。山頂直下の靴幅リッジは雪が皆無でただのやせたヤブ尾根だった。一年前のミスを犯したテント場を見ても何も感じなかった。あの天候であればもっと標高を下ろせば良かっただけだ。場所の良し悪しというよりはテントの張り方の問題だっただろう。ソエマツ岳は登り切ったと思ってからが長い。ピリカヌプリへ気分良く進んでいたが、11時で雪が緩む。ペースが半減してしまった。それでも南日高三山を一気越えできて一安心だ。

今日も結局疲れ切ってしまった。風が強いのだ。明日はトヨニ岳、野塚岳を越えて、あわよくば双子山を越えたい。荷が減ってきたのは嬉しいけれど、行動食が足りるのかが少し不安だ。

4／25　晴れ　風は西側で少し強いがぬるい　4：00〜14：20

今日は空気がぬるい。これは雪がダメそうだなと思いながらもアイゼンを履く。トヨニ岳までアイゼンで行きたかったのだが、最初から緩くてダメだった。諦めてスノーシューにする。スノーシューで歩ける尾根の太さになったことに、核心部を抜けたことを実感する。アップダウンはそれほど大きくないはずなのだが、体が重くペースが上がらない。もうザックの重量は言い訳にならないので、疲労以外の何物でもないだろう。午後ならともかく、朝からとは情けない。だがよく考えてみると、停滞明けで頑張った日の翌日（停滞の2日後）は決まって体が重い。その法則でいくと、明日にはまた楽になるのかもしれない。重い体にムチを打ち、ゆっくりと一定のリズムを意識して、我慢の進行が続いた。トヨニ北峰を過ぎると下り基調となり、この体でも何とかペースを維持できる。そのうちに雪が途切れて、西側の踏み跡をツボ足で下りていく。比較的明瞭な踏み跡のおかげでペースを取り戻して、少し楽になってきた。野塚《のづか》岳へも素直な尾根が続いてきて、易しい稜線に見守られ着実に進むことができた。東峰への登りは全て草付きの上を歩く。雪を歩くより進みやすくなってしまった。本当に、こんなに南まで来ているのだと感慨深くなる。野塚岳からの下りも歩きやすい踏み跡だが、双子山への登りではハイマツやカンバが被ってくるので疲れる。しかし総じて、危惧していたほどではないので安心した。双子山の双子のコルでテントを張る。少し風はあるが、今夜の予報なら大丈夫だろう。

テントに入って、ここ数日考えていたことをサポートしてもらっている人々へ連絡する。分水嶺は明日の楽古《らっこ》岳山頂までとし、楽古山荘へと下山することに決めた。決めた要因には、体力や気力がもう十分に残っていないことや、残り日数の少なさに対しての先の天候の予報の悪さ、そして残雪不足による飲み水やテント場が確保できなくなる問題など様々なことがあった。だが一番大きな要因は、すでに山頂部が黒い楽古岳の先の、さらに標高が低く雪の無いヤブの稜線にときめきを感じられず、楽しくないだろうと思ったからだ。明日、本当に楽古岳まで稜線を縦走できたなら、それ以上思い残すことは何もないだろう。その先は道路を歩いて襟裳岬を目指すことになるが、この判断通りに行動できれば、分水嶺縦断はほぼ完遂したと言って良いだろうと思っている。なかなか本当の意味で納得することは難しいことが多いけれど、この判断に関しては自信を持って納得したと言える。
明日も精一杯、稜線歩きを楽しもう。楽古岳が、楽古山荘が楽しみだ。

4/26

朝晴れ　昼前にガス　夕方から雨　4:00〜14:00

今日で稜線を下りるのだと思うと名残惜しい朝だ。パッキングが随分と楽になった。ストック、ピッケル、スノーシュー以外は全てザックの中に納まった。双子山の登りから十勝岳にかけてはほとんど踏み跡を辿る。雪のない日高には意外と踏み跡があるのだ、と感心してしまった。それも人気のある楽古岳までだろう。今日は予想通り、比較的体が軽い。とはいえ疲労は半端ではないので、ペースが上がる訳ではない。十勝岳から大きく下り、楽古岳へとひた登る。途中から大きなヒグマの足跡と合流する。歩幅はとても大きいが歩きやすくてずっと同じラインを進んだ。山頂直下で雪は途切れて、代わりに登山道のような道が出てきて楽古岳に着いた。ほんの30分前まで晴れていたが、登り切る直前でガスに覆われてしまった。振り返っても進んできた稜線は見えないけれど、たどれば遥か600㎞先の宗谷岬まで、確かに僕の足跡が続いているのだ。本当に六十日間歩いてきたのだ。なんだかちょっぴり誇らしい気持ちになる。晴れてくれないかと、

4月26日、最後の山頂となった楽古岳。山頂にはもう雪はない

1時間くらい山頂で待っていたら、1度だけトヨニ岳、ピリカヌプリ、神威岳まで見えた。カメラも出せないくらいの一瞬だったが、僕にはそれで十分だった。

稜線から一気に標高1000mまで下り、あとは夏の登山道に合流した。あまりのポカポカ陽気に、道の上で小一時間、ウトウトとまどろんでしまった。心配していた融雪増水は大したことはなく、5~6回の渡渉で楽古山荘へとたどり着いた。本当に立派な山荘だ。

悪天候前日の平日ということで誰も来ないだろうとたかをくくっていたら、3名が泊まるようで16時に到着した。とても良い人たちで一安心だ。だが、目の前で宴会が始まり、もはや生き地獄である。

ビールや鹿肉、アイヌネギなどをお誘いいただく。ビールには思わず一度受け取ってしまったが、歯止めがきかなくなると思い、自力食料のみで縦走している旨を話し、ビールもお返しした。その後も優しく接してくださり、和やかな雰囲気に心が落ち着く。

外は霧雨となったが、立派な山荘でそのことに気づかないほど快適だ。わずかなナッツを今日で食べ切ってしまった。

4／27

雨　暴風　昼に上がる　午後さらに暴風　小屋停滞

朝、雨と風の音で目が覚める。大荒れだ。だからこそ小屋がありがたい。稜線にいたらどうなっていただろうと思うとゾッとする。昨年のような悪夢になっただろうか。それとも成長し、上手く切り抜けられるのだろうか。

お三方が撤収し始めたころ、地元の方が小屋へ入ってきた。こちらもとても良い方だった。山の人はみんな温かい。

一人になり、のんびりと体を休める。風雨が強いので気兼ねなく停滞できる。お迎え隊に持ってきてほしいもののリスト、帰ったらやりたいことリスト、帰ったら食べたいもののリスト、下山報告連絡リストを作るなどして過ごす。

2か月、とても長かった。とても充実していた。こんなにも濃密な2か月は今後の人生にももう訪れないかもしれない。辛いことが90%以上だったけれど、残りの10%が補って余って溢れるほどに幸せに満ち足りていた。それと同時にとても残念なことに、すでに前半部の感動は早くも薄れ始めている。あの時の感情をあの時のまま閉じ込めておくことはどうしても出来ないらしい。どれだけ写真を撮ってもどれだけ日記に言葉を紡いでも表現しきれないこの貴重な時間を可能な限り胸に刻みたい。次第に薄れゆく儚いものだからこそ、価値があるのだろう。今まさに僕はかけがえのない瞬間を生きている。きっと明日には忘れてしまうだろうけれど、今はそれすらも愛おしい。

食料がもう心もとない。この食料が尽きれば僕は生きられない。その前に里に降りるしかない。何だかもう終わったような気でいるけれど、まだ50〜60㎞道を歩かなければならない。旅を想いながら歩くにはちょうど良い距離だろうか。いや、少し長すぎるか。

辺りが暗くなってきた。今日という日が終わるのがとても寂しい。明日、街に降りれば僕はこの山旅から現実に戻る。そうすればもう夢の世界には戻れない。幸せだった夢がもうすぐ終わろうとしている。昨日まで不安に押しつぶされそうになりながら必死で稜線を進んでいたことが遠い昔のようだ。

気持ちを落ち着かせようと余ったガスを贅沢に使ってアツアツの紅茶を沸かす。猫舌なので10分くらい飲めなかった。薪ストーブで小屋はポカポカだからなかなか冷めない。十分に冷めてから大きく一回、口に含む。毎日当たり前のように飲んでいた紅茶も明日で最後だ。そう思って飲み干すのをためらっていたら気づいたら冷たくなっていた。

今夜は上手く眠れないかもしれない。

4／28

晴れ　風あり　5：50〜16：30

世話になった小屋を後にする。

小屋を出たらこの旅が終わってしまうような気がしていたけれど、楽古岳から下りてきたときにすでに旅は終わっていたらしい。

でも心配はいらない。終わりは次の旅の始まりだ。岬ではみんなが僕の帰りを待っている。

道端のタンポポがえりもの風に揺られていた。

タンポポを見ていると穏やかな気持ちになる。襟裳岬までの道のりは色々なことを考えながら歩くことになりそうだ。この旅のことを振り返り始めると、様々な記憶が一気に押し寄せてきた。

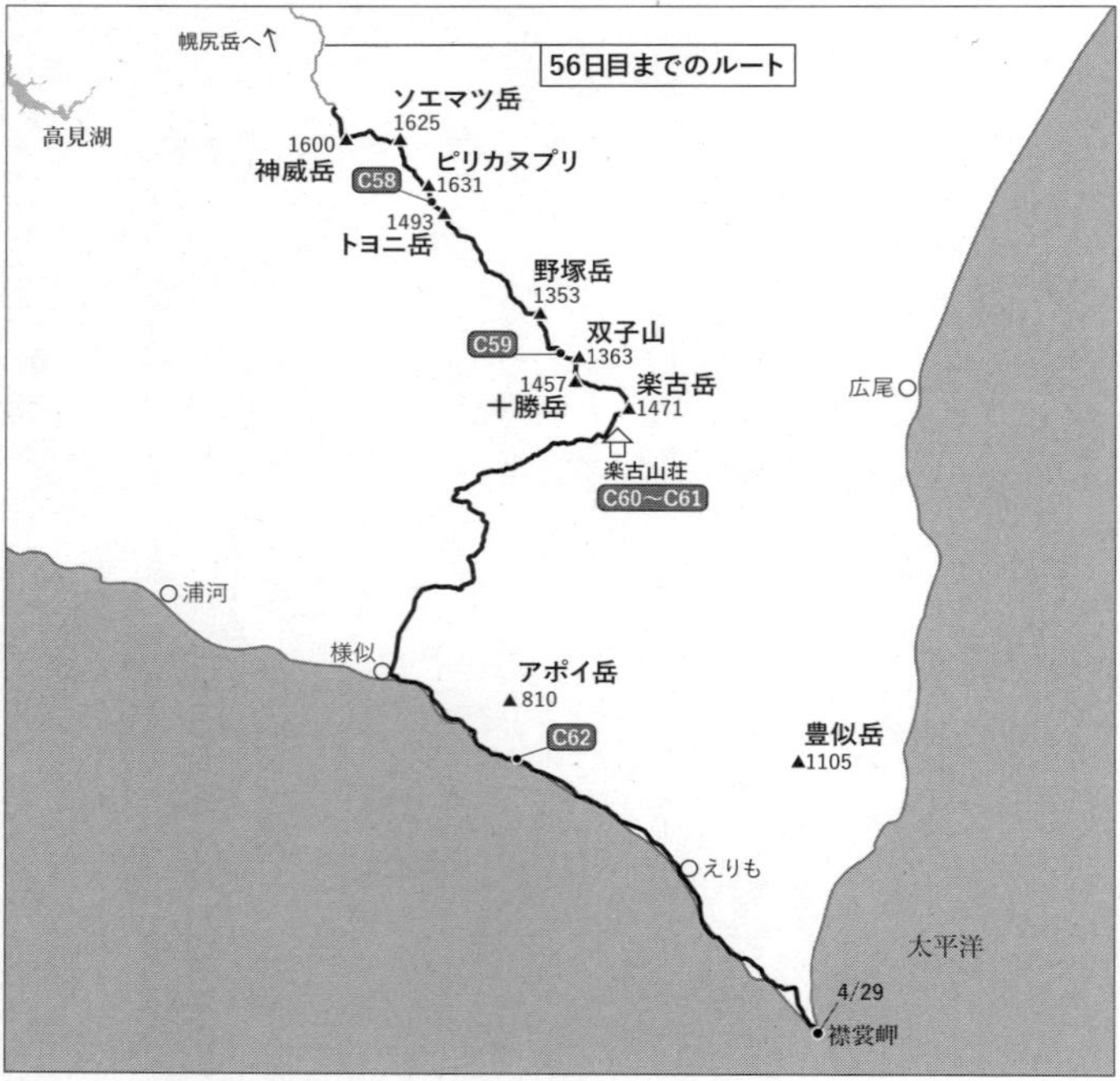

57日目から63日目の足跡

エピローグ

襟裳岬再び

楽古山荘から街へは、車で入ることができる林道が続いていて、ときおり現れる作業道の分岐以外では道に迷いようがない。未舗装とはいえ、これまでに比べれば格段に単調な道が続くので、何かに集中する必要はなく、ついつい考え事をしてしまう。考え事といっても、下山したら最初は何を食べようかとか、温泉はあそこへ行こうとか、岬へは誰がお出迎えに来てくれるだろうかといった、極めて平和な考え事である。

単調な歩きということは使う筋肉も偏ってくるということで、次第に足裏と腰と肩に痛みが出てきた。腰と肩については、これまでの酷使に次ぐ酷使で疲労がたまった上に、後半はエネルギー不足から脂肪や筋肉が分解されていって〝天然の吸圧パッド〟まで薄くなってしまったということもある。だが、この痛みに関しては二カ月間ずっと抱えていた問題だったはずだ。これまでそれほど気にならなかったのは、どちらかといえば、常に他の問題が山積みで痛みを気にする余裕などなかったからである。腰と肩の痛みが気になるということは、それ以外の問題は全て解消していて、あとはこの痛みだけを気にしていればよいという状況である。つまり、取り巻くリスクにアンテナを張り巡らせる必要も、ギリギリの判断を迫られることもない、身の安全が確保されたことを意味していた。

ところで足裏は、段々と靴擦れが起きているのが分かった。厳冬期用の登山靴では、ソールが硬いので雪山は歩きやすいが、単調な歩きには向いていない。それにもう春の街に下りてきてしまったので気温が高く、靴の中は汗で不快に湿っている。昨日まで大縦走の勲章のように硬く大きかった足のマメが、マメごとふやけて簡単に水ぶくれになってしまいそうだった。

ここから襟裳岬までの道のりはこれまでの余韻に浸るいわば〝ウイニングロード〟になるに違いないと楽観的だったが、どうやら最後まで苦労は絶えないらしい。

単調な歩きの暇つぶしが考え事なら、痛みを紛らわし、気をそらしてくれるのもまた考え事である。そんなわけで僕は、足の痛みをごまかすように、これまでの大縦走を振り返り始めた。

振り返れば振り返るほどに、ただやりたいことだけをひたすらに詰め込んだ計画だった。やりたくないことはやりたくないので、事前のトレーニングらしいことはほとんどしなかった。実際のところ、夏のガイド業では三十キロを超えるザックを背負って一カ月に二十日以上は山を歩いていたのでそれで体力面は十分に維持できていた。雪が積もってからは、仕事がないのをいいことに山へ通っていたので、トレーニングのつもりでなくとも自然と必要な身体になっていたのだろう。

それでも、二カ月以上毎日四〇キロのザックを背負い続けるのはさすがに堪えた。食料は三五〇〇キロカロリーに制限（軽量化）したにもかかわらず、である。これ以上食料を増やすのならば今の僕の体力では、トレーニングを解禁するか、デポ地点の数を増やすしかない。

軽量性重視で食料計画を立てたので、食事は二カ月間毎日ほとんど同じものを食べ続けるということになった。そう聞くとあまりの無機質さに飽きがきてしまいそうだが、この旅を通して「飽き」こそが重要なのではないかという結論に至った。

それ以上に問題だったのは、飢えとの闘いである。前半の一カ月は準備した食料を食べることである程度満たされていた。だが、後半に入ってからはその日の分量を食べ終えた直後に腹が鳴った。何より苦しいことに、足元にはこのさき十日分以上の食料がテントの片隅で幅を利かせているのだ。美味しいものや自分が好きな食料をバリエーション良く取り揃えていたらどうだろう。意思の弱い僕は、きっと「ミックスナッツからアーモンドを少しだけ…ついでにカシューナッツも…」と誘惑に負けてしまうに違いない。「飽き」のくるラインナップだったからこそ、この誘惑からなんとか逃れられたのではないかと思っている。食欲を抑えるのが大変なくらいなのだ。飽きる気持ちよりも空腹が勝り、なんでも美味しいので問題ない。

ふと我に返って林道に目をやると、この先の川を渡す橋の隙間から青々とした茂みが見えた。もしやと思い駆け寄ると、思った通り、ギョウジャニンニクが群生しているのを見つけた。ついさっきまで、「飽き」など問題ない、と息巻いていたのも忘れて、ザックからナイフを取り出す。はやる気持ちを抑えて、二枚葉の個体を探して茎を残してナイフで切り取る。こうすればこの群生が根絶やしになることはない。大量に生えていてくれて良かった。そうでなければ本能のままに一枚葉も関係なく乱獲してしまうところだった。満足するだけとってもなお、斜面にはたくさんのギョウジャニンニクが生い茂っていた。改めて、自分がいかに飢えているのかを実感した。

昼前には林道が終わり、アスファルト舗装された道路に出た。それは、街が近づいた代わりに靴ずれが悪化するであろうことを意味していた。痛みが増すほどに、より深く物思いに耽ってゆく。

靴擦れなどほんの些細なものだと思えるくらいには、大変なことが次々に押し寄せてくる二カ月間だった。その縦断中にあって唯一誇れることがあるとすれば、あらゆるアクシデントに対して「どうすれば乗り越えられるだろう」と毎回思えていたことだ。「もうだめだ」と諦めてしまったらそこでこの夢の時間は終わってしまう。それだけは避けたいと真っ先に思えていた。それくらいには僕は山が好きで、この計画へ思い入れがあったらしい。

僕自身は鋼のメンタルの持ち主ではない。むしろ感情の起伏が激しいことに悩んでいたほどだ。そんなある日、「自身の感情の起伏と天候の起伏がリンクしていること」に気づいた。天気がよければ気持ちも前向きになり、悪天候ではネガティブになった。なんて単純な性格をしているのだ、と自分でも思うけれど、このことに気づいてからは悪天候のときも「大丈夫、天気が悪いだけだ。明日晴れれば気分も晴れる」と思えるようになったのだった。

僕自身には普段から日記をつけるようなマメさはない。そんなだらしない自分を自覚しつつも、少しでも〝理想の自分〟に近づきたいと思って生きてきた。この計画をやり遂げられれば少しは〝マシ〟になれるだろうと信じたかった。

現代社会に守られて街では通じる言い訳も、山はおいそれとは認めてくれない。妥協し楽な方に流されると、見透かされて大きなしっぺ返しを食らう羽目になる。そんな環境に身を置くと、山に後押しされるように自然と視線は前を向き成長のチャンスが見えてくる。その感覚が心地よく性に合っているから、これからも山にお世話になるのだろう。

様似《さまに》の街に出ると、海より先にコンビニが見えた。手元に現金があったとしたら、それでも買い物はしない、と強い意志を通せる自信はない。不自由さが僕の意志をなんとか支えている。

今日の宿は、幌満《ほろまん》川にかかる橋の下にテントを張った。目の前は海なのに川の水はしょっぱくない。日高の雪が今まさに太平洋に注いでいる。分水嶺を歩いてこなかったら、こんなふうに川の水を眺めることなど一生なかったに違いない。分水嶺。不思議な響きだ。山深さを求めて計画した登山で、ずっと川や海を意識しながら進んできたのだ。これまで僕は山と海を別のフィールドとしてしか認識できていなかったけれど、どうやら両者は密接に関係しているのだ。いや、そんなことは知識としてはもちろん知っていたのだけれど、自分事として、これ以上ない形で実感したことが嬉しかった。僕が数日前まで踏みしめていた雪は解けて川を流れ、動植物の身体をうるおし、栄養を海まで運ぶのだ。

湯を沸かし、今朝採ったギョウジャニンニクをさっと茹でて、温存していた最後のマヨネーズを絞り出す。最後は音ばかりで、ほとんど空気しか出てこなかった。みずみずしさが嬉しい。最高の晩餐になった。最後に春の恵みを噛み締めることができて良かった。

明日の今頃は美味い飯を食らって、温かくて乾いた布団で眠るのだ。明日眠るその瞬間よりも、それを夢見ている今が一番幸せかもしれない。

翌朝はギョウジャニンニクを食べ過ぎたせいで気分が悪くなって目が覚めた。幸せな悩みだ。今日も日の出とともに歩き出す。本当に頑張れば昨日の夜には襟裳岬に到着できたと思うが、全てを噛み締めるために今日に延期した。足裏が痛いことも、春の恵みをテントで食べたかったことも理由のひとつだったが、何よりの理由があった。今日は ゴールデンウイークの初日、祝日だった。昨日の夜中にたどり着いても大勢の迎えは期待できないが、祝日の昼下がりであれば、という目論見だ。そのために空腹をもう半日耐えなければならないが、それ以上の幸せを期待してのことだった。

道路わきには距離を示す看板が等間隔に並んでいる。腕時計と見比べながら、一時間に三キロのペースを維持して歩く。

開けた場所では年配のご夫婦が昆布を干している最中だ。日高昆布だろうな、と思って眺めていると声を掛けられ、どこから来たのかと尋ねられる。

「六十三日前に宗谷岬を出発して、ずっと一人で歩いてきました」

おじいちゃんがきょとんとしている。無理もない。僕も一言で通じるとは思っていない。たくさん補足して、ようやく理解してもらえたら、今度はおばあちゃんがおにぎりとお茶を出してくれるという。だが、ここで止まったら動けなくなりそうだ。

「襟裳岬まで送ってやろうか」

と言ってくれるありがたい申し出を苦渋の思いで断り、先へと歩みを進める。

またコンビニが見えてきた。実は昨晩、現金はないが、スマホのQR決済なら買い物が出来ることに気づいてしまった。だが、ここで買い食いをしてしまうくらいならさっきのおばあちゃんのおにぎりを食べたかった。そう思って、断腸の思いで足早に通り過ぎた。

岬まで残り五キロほどに近づいたとき、目の前に一台の車が停まった。何事か、と立ち尽くしていると、窓越しに北大ワンゲルの大先輩が声を掛けてくれた。

「頑張ったねぇ。本当にお疲れ様。最後まで気を付けて。岬で待ってるからなー！」

そう言うと先輩の車はあっという間に走り去ってしまった。

急な出来事に不意をつかれて、思わず感極まりそうになった。今日は朝から体に力が入らず、ここまで惰性で歩いていたが、せっかく出迎えてくれる仲間にみっともない姿は見せたくない。そう思うと自然と足取りが軽くなり、力がみなぎってきた。

襟裳岬が近づいてきた。

最初は何やら白く細長いものが横に続いているのが見えた。それが何かを持った人の列であることに気がつくのにさして時間は掛からなかった。だが、白く細長いものが僕を迎え入れるために準備された横断幕であることにはしばらく近づいてから気がついた。遠目にも見慣れた仲間がこちらに向かって声を掛け、手を振っているのが分かる。目が潤んでしまってうまく数えられないが、少なくとも三十人くらいはいるだろうか。岬へ向かう最後の数キロメートルは一本の車道だったので、僕を出迎えに集まってくれた仲間は皆、つい先ほど僕を車で追い越していったのでだいたい誰が集まってくれているのかは分かっていた。

二〇二二年四月二十九日午後二時。僕は襟裳岬にたどり着いた。三年前に日高山脈全山縦走の終着点として襟裳岬にたどり着いたときには、迎えてくれたのはたったひとりだったが、この三年の間に何十倍にも膨れ上がったらしい。

六十三日前に宗谷岬を出発してから、山の中ではずっと単独だったのに、たくさんの人に支えられながらここまで進んできたという感覚があった。それは避難小屋を建ててくれたいつの誰かも分からない先人であり、僕が歩く前日に期せずして深雪をラッセルしていた見知らぬスキーヤーであり、修理道具を届けてくれた田辺ディレクターであり、窮地に陥った佐幌山荘で食料を届けてくれた優子であった。そして何より、具体的な支援をするわけではなくとも、僕の無事を祈り、何かアクシデントがあったときは無理せず帰ってこい、と送り出してくれた仲間であった。

その象徴とも呼ぶべき光景が、いま目の前に広がっていた。

北海道らしく、この時期に桜が咲いている。

どうやら僕にも少し遅めの春が来たらしい。

森進一は「襟裳の春は何もない春」だと歌ったが、僕にとってはたくさんの笑顔咲く幸せな春だった。

襟裳岬にて。学生時代からの仲間が大勢で出迎えてくれた

「最初で最後の純粋な旅」あとがきにかえて

襟裳岬で仲間に迎えてもらったあと、六十三日ぶりの風呂に入るべく、三石昆布温泉《みついしこんぶ》へと向かった。脱衣所の鏡に映る自分は、まるでだしを取り終えた鶏ガラのように痩せこけていて、顔は仙人のように頬がこけ、真っ黒に日焼けして唇がただれて、ボロボロになっていた。体重計に乗ると、デジタルで六五・七キロと表示されている。一〇キロ減っていた。無理もない。むしろよくそれで済んだと思うべきだろう。

靴擦れの水ぶくれが信じられないくらいパンパンに膨れ上がっていて、裸足では普通に歩くことが出来なかった。シャンプーは五回目でようやく泡が立ち（四回目でコンディショナーと間違えていたかと確認したがシャンプーだった）、こするとこすっただけ身体からアカがわき出てくるのがおかしかった。

二カ月ぶりの温泉から上がると、温泉内のレストランへ直行だ。ハンバーグ定食ご飯大盛りと、海鮮丼ご飯大盛りをじっくりと嚙み締めるように食べた。炊き立ての白米とみずみずしい野菜や海鮮、溢れ出す肉汁が幸せを増幅させた。これまでの人生でいちばんうまい飯だった。このあと、帰りの車中でコンビニスイーツを三千円分も贅沢食いする胃袋が残っていたのはご愛敬だ。

食事を終えて車に戻ると、田辺ディレクターが改めて労ってくれた。

「お疲れさま。最後のデータバックアップも無事に終わりました」

振り返ると、映像を残すということについては様々な葛藤があった。

最初のうちはこれでよいものか要領が得られず、今振り返れば単調な記録が続いた。このままではダメな気がした僕は、最初のバッテリー交換をした夕方（三月九日）、西尾峠のすぐそばでテントを立てながら素直な思いを伝える。

「自分で納得のいく映像を残すために、ここまでのデータを確認してもらい、厳しいダメ出しとご指導がほしいです」

自分でそうは言ったものの、翌朝の出発前に田辺さんから返ってきた言葉は辛辣なものだった。

「夜のうちにデータを確認しました。これでは何を撮りたいのかさっぱりわからない」

「なにも伝わってくるものがなく、片手間でカメラを回している印象」

「はっきり言っておもしろくない」

その日の夕方、田辺ディレクターからメッセージが届いた。

「今朝は映像について、厳しい評価をお伝えしてしまいごめんなさい。体力的にも精神的にもギリギリの雪山登山を続けている相手に対して何を求めてよいものか整理がつかないまま、乱暴な言葉だったかなぁと反省しています。先ほど、そういえばと気づいて預かっていた地図の裏側の日記を見つけ、読ませてもらいました。日記からは、ビンビンと伝わってくるものがありました。やはり野村くんが体験していることは圧倒的に本物だし、山を知らない人々、一生雪を見ることがないような人々にとっても価値あるものだと感じました」


ここからはテレビディレクターの腕の見せ所だったに違いない。

「野村くんはやりたいことをやっているだけで、誰かのためにやっているわけではないのでしょう。けれど、そこで感じたことが伝われば、結果的には多くの人の人生を豊かにすることに繋がる気がします」

「アラスカに暮らした写真家の星野道夫さんが、日本に住む恋人の直子さん（その後妻になってアラスカに移住しました）に宛てた手紙の中で『自分の仕事を通して誰か一人でも励ますことができたらいいなと思っています』と書いています。人の一生は、いつか必ず終わります。星野さんは、直子さんに宣言した通りに写真と文章を伝えることで、数多くの人々の中に己の分身を残したと感じます」

「野村君の場合、なにを撮ればよいかの答えは自分で日記に書いています。あそこに書かれていることに映像が伴えば、私たちにも野村君が感じていることが追体験できて、幸せの一端が伝わってくると思います。伝えようという気迫があれば、映像にはそれが必ず現われます…」

僕も長文で返信をした。

「田辺さん。ご連絡ありがとうございます。

アドバイスがほしいとこちらが希望したことですから、田辺さんが気を揉む必要はありません。むしろ『冒険』や『挑戦』といえば聞こえはいいですが、所詮は赤の他人の登山に対して、本気で意見を下さる田辺さんには身に余る光栄と感謝の念を持っています。思えば僕自身、伝える側となる覚悟が足りなかったのでしょう。覚悟がないままにとんとん拍子に話が進み、伝えるということを甘く見ていたともいえるかもしれません。

昨日のシアッシリ山は行程が短く天候にも恵まれて、自分が何を伝えたいのかを考えながら歩く一日でした。

僕に伝えられることがあるとすれば『幸せ』ではないかと思っています。昨日の田辺さんの問い掛けに即答できなかったことが悔やまれるほど、山で感じる幸せが僕のキーワードです。

これからどう生きたいのか、誰と生きたいのかという大きな幸せも。厳しい行動のあとの熱々の味噌汁や、一粒のピーナッツに感じる幸せも。

これからは幸せを感じた瞬間を中心にカメラに収めたいと思います。

厳しいご指導ご鞭撻のほどよろしくお願いいたします」

それからほどなくして、怒涛のダメ出し集と具体的な助言集が送られてきた。

特別、なにかを変えたわけではない。ただ、感動があったときに、ついでにカメラの録画ボタンも押しておくだけだ。映像に残せたからといって、その場のすべてを記録できるわけではない。だが、後から見返したときに、その映像がきっかけで、付随するさまざまな記憶が呼び覚まされ、心を豊かにする力があると感じた。

その日の行動を終えてテントに入ると、まずは一杯のカフェオレをすすり、板チョコをかじる。一息つくと、その日の映像を見返しながら、地図の裏に日記を書く。画角はもっと上を向かなきゃダメだな、もう少しゆっくり喋ってみるか、などと素人なりに試行錯誤する時間は案外おもしろい。一日の終わりのこのサイクルを心地よく感じるようになるまで、さして時間はかからなかった。

映像を撮ることは、結果的に思わぬ効果ももたらした。撮影という作業を通して自分を客観視する中で、単独行の内側に〝自分を俯瞰するもう一人の自分〟が現われたのである。単独での登山において自身を客観的に見る能力は、リスク判断をする上で重要なスキルだ。一方で、これが思いのほか難しい。だからこそこの予期せぬ事実は、僕の精神衛生によい役割を果たした。おかげで、撮影がどうしようもなく負担になる、という最悪の事態を避けることができたように思う。

それから半年と少し経った年末年始には、ＮＨＫで「白銀の大縦走～北海道分水嶺ルート６７０キロ」というタイトルで地上波全国放送をしていただいた。出発する前には「映像を撮りためたところで本当に番組になるのだろうか」「ならなかったとしても自分の記録として残せたらそれでいいか」としか考えていなかったので、予想だにしない好待遇に驚きを隠せなかった。一途に襟裳岬を目指していたら、こんな境地にたどり着くとは、僕は恵まれているのだろうとつくづく思う。

番組の中では、頻繁に僕の日記が直筆で引用された。この日記は紛れもなく、僕の心の内としての日記だった。誰かのために書いたのではない、むしろ誰にも見せるつもりがなかったからこそ書けた文章だった。まさか全国に放映されるなどとは思いもしないので、はっきり言って恥ずかしい。何より僕は、もう二度と、純粋な日記を書けなくなった。そして、本当の意味での純粋な旅ができなくなった。何をするにもこれまでよりも少しだけ周りの反応を気にするようになってしまった。「周りを気にしたくない」と強く思っているのだけれど、そう思うことは少なからず周りを意識していることの裏返しなのである。本当に純粋な人はそんなことは想像もしていない。あの日々の僕はそういった意識とは全く別の世界にいた。あれは最初で最後の純粋な旅だった。そんな時間を過ごしたことが我ながら誇らしく、もうあの日々には二度と戻れないのかと思うと少し寂しくうらやましい。

あの濃密な日々から、早くも二年が過ぎた。

六十三日間の記憶はあまりにも鮮明でこの先ずっと色褪せることはない、とでも書きたいところだが、いつかの日記にも記した通り、人間の記憶はひどくいい加減だ。今の時点で僕が鮮明だと思い込んでいるあのシーンは、すでに美化された幻想に過ぎない。あの猛吹雪で風速四十メートル以上は吹いていた、あのテントサイトで山を眺めながら飲んだ紅茶は至福の味だった、着替えをまったく持って行かなかったので二カ月の間一度も下着を履き替えていないがそれほど不快ではなかったな、と本気で思っているくらいだから、これからも少しずつ美化されていくのだろう。ほろ苦い失敗談だけは増幅されて。

この計画を通して北海道の分水嶺を一途に歩いていたのは、もはや遠い過去の自分だ。写真や映像で振り返ってもどこか他人事のように感じてしまって、あんなことはもう二度と自分にはできないとすら思ってしまう。縦走中に生じた喜怒哀楽、全ての感情を一通り知ってしまった今では、もう同じだけの感動は出来そうにない。せいぜい一〇パーセントしかなかった幸せな感動は、一度体感してしまった以上同じようには感動できず、残りの苦しい九〇パーセントはそのままか、想像がついてしまう分むしろより大きな苦痛として重くのしかかるだろう。もしいくら大金を積まれたとしても、一つなぎではもう二度としたくない。それはきっと、無知ゆえに成し遂げられたということであり、それこそが新しい境地に飛び込むおもしろさと充実感の源に違いない。だからこそ、あのときの自分のがむしゃらさを誇りに思う。それと同時に、あの日の自分に誇れるような今でありたい。

この世界を自分の力で生きてゆくための自信を得たいと思って出発したが、分かりやすい自信のようなものはそう簡単に手に入るものではないことを知った。よく考えてみれば、そんな普遍的な自信がたった二カ月程度で手に入るなら誰も苦労しない。この六十三日間の前後で何が大きく変わっただろうかといわれても、自分自身は変わった実感があまりない。こういうものは、ある程度時間が経って振り返ってみなければ分からないものなのかもしれない。

その一方で変わったことを挙げるとすれば、この計画をきっかけに多くの方に知ってもらい、新たな出会いをたくさん得たことだ。これまでの仲間が大縦走を支えてくれたように、これからの僕を支えてくれるかもしれない人々にすでに出会っているのだと思うと感慨深い。

単独で、ノンサポートで。出来るだけ自分の力だけでと願って臨んだ挑戦で、得られたものは皮肉にもとでも言うべきか、人の温かさだった。そんなありふれた感覚を鮮明に気づかせてくれるのもまた、単独行の魅力なのだ。

分水嶺縦断は、表向きには「達成」したことになっているが、厳密には分水嶺を外れた区間がいくつかある。北大雪の武華山では山頂をピストンして、稜線伝いではなく東の森に逃げ込んだし、日高山脈南部の楽古岳ではその先の稜線に雪がないのを見て、稜線を進むのはここまでにしようと判断した。その他にも細々とショートカットした区間はいくつかあって、分水嶺の完全トレースとはいいがたい。

いくつもミスを重ねて、最終的に仲間の力を借りた。正直言って、これが僕の実力であり限界だ。工藤さん、志水さん、僕と連なる系譜に続きがあるとするなら、「これからの若き岳人」が引き継いでくれることに期待したい。

これから僕はどこへ向かうのだろう。どこに向かうとしても、あの日の僕が見ていると思うと心強く、背筋が伸びる思いがする。

最後に、書籍として出版という光栄な機会をいただいた山と溪谷社の西村健さんに感謝いたします。また、当初は日記に加筆するという案で進めていたにもかかわらず、本書の中核となる第二部を、最終的にほぼ原文ママの日記で構成するということで認めてくださりありがとうございました。執筆の期間を通して日記への加筆を何度も試みましたが、そのたびに挫折し、このような結論へと落ち着きました。それは、あの日の僕と今の僕との温度差を埋める言葉がどうしても見つからないからでした。無理にその方法を探し、きれいな言葉で取り繕うよりも、あの日の不完全な情熱をそのまま残す方がより意義があるのではないかと思えたからでした。そのような熟考の時間を与えてもらったことこそ、本書を書く中で得られた一番のご褒美だったかもしれません。

そして、大縦走ののちに妻となった優子をはじめ、僕の挑戦を支えてくださった全ての皆様に感謝します。

ありがとうございました。

秋の遠征準備中の札幌自宅にて

二〇二四年九月　　野村 良太

野村 良太（のむら・りょうた）

１９９４年、大阪府豊中市生まれ。日本山岳ガイド協会認定登山ガイドステージII、スキーガイドステージI。大阪府立北野高校を卒業後、北海道大学ワンダーフォーゲル部で登山を始める。同部62代主将。卒部後の２０１９年２月積雪期単独知床半島全山縦走（海別岳～知床岬12泊13日）、２０１９年３月積雪期単独日高山脈全山縦走（日勝峠～襟裳岬16泊17日）を達成し、「史上初ワンシーズン知床・日高全山縦走」で令和元年度「北大えるむ賞」受賞。２０２０年卒業。２０２１年４月、北海道分水嶺縦断途中敗退。２０２１年春からガイドとして活動を始める。２０２１年４月グレートトラバース３日高山脈大縦走撮影サポート、６月には大雪山系大縦走撮影サポートほか。２０２２年２～４月、積雪期単独北海道分水嶺縦断（宗谷岬～襟裳岬６７０km）を63日間で達成。同年の「日本山岳・スポーツクライミング協会山岳奨励賞」「第27回植村直己冒険賞」を受賞した（国内での活動としては初の受賞）。

「幸せ」を背負って
積雪期単独 北海道分水嶺縦断記

2024年11月5日　初版第1刷発行

著者　**野村良太**

発行人　川崎深雪

発行所　株式会社山と溪谷社

〒101-0051
東京都千代田区神田神保町1丁目105番地
https://www.yamakei.co.jp/

■乱丁・落丁、および内容に関するお問合せ先
山と溪谷社自動応答サービス　TEL.03-6744-1900
受付時間／11:00-16:00（土日、祝日を除く）
メールもご利用ください
［乱丁・落丁］service@yamakei.co.jp
［内容］info@yamakei.co.jp

■書店・取次様からのご注文先　山と溪谷社受注センター
TEL.048-458-3455　FAX.048-421-0513

■書店・取次様からのご注文以外のお問合せ先
eigyo@yamakei.co.jp

印刷・製本　株式会社シナノ

＊定価はカバーに表示してあります。
＊落丁・乱丁本は小社送料負担にてお取り替えいたします。
＊本書の一部あるいは全部を無断で転載・複写することは、著作権者および発行所の権利の侵害になります。あらかじめ小社までご連絡ください。

Printed in Japan　ISBN978-4-635-34049-6